Eduardo Galeano
Von der Notwendigkeit, Augen am Hinterkopf zu haben

EDUARDO GALEANO

VON DER NOTWENDIGKEIT, AUGEN AM HINTERKOPF ZU HABEN

Aus dem Spanischen von Armin Steuer

PETER HAMMER VERLAG

Deutsche Bibliothek — CIP-Einheitsaufnahme

Galeano, Eduardo:
Von der Notwendigkeit, Augen am Hinterkopf zu haben / Eduardo
Galeano. Aus dem Span. von Armin Steuer. —
Wuppertal : Hammer, 1992
  (Peter-Hammer-Taschenbuch ; Bd 70)
  ISBN 3-87294-473-8
NE: GT

Lektorat: Werner Biermann
Umschlaggestaltung: Magdalene Krumbeck unter Verwendung
einer Arbeit der Cuna-Indios, Panama / Kolumbien
Satz: TypoTeam, Öhringen
Druck: Clausen & Bosse, Leck

INHALTSVERZEICHNIS

SKIZZEN ZU EINEM SELBSTPORTRÄT

BERUFUNG   Am Anfang ist das Bild. Das Wort kommt danach. Ich bin unfähig, eine Situation, ein Gefühl oder eine Idee zu vermitteln, wenn ich sie nicht zuvor mit geschlossenen Augen *sehe*; und es fällt mir immer schwer, die Wörter zu finden, die jenes Bild vermitteln könnten und seinem Glanz entsprechen. Ich glaube, daß ich schreibend male, weil mir das Talent fehlt, malend zu malen. Da ich nicht Maler sein konnte, blieb mir nichts übrig, als Schriftsteller zu werden. Die Frau, die du liebst, will dich nicht, und du heiratest ihre Kusine.

ERINNERUNG   Ich war gerade vierzehn geworden, als ich zum ersten Mal veröffentlichte. Es war eine Zeichnung, eine politische Karikatur, in der sozialistischen Wochen-Zeitschrift Montevideos. Seit damals veröffentlichte ich noch viele weitere Zeichnungen, die ich mit dem Namen *Gius* zeichnete - der spanischen Aussprache meines väterlichen Nachnamens Hughes, der von einem katholischen Urgroßvater auf mich kam, der von Wales nach Uruguay flüchtete.

Bis zum achtzehnten Lebensjahr machte ich neben den Zeichnungen einige journalistische Schreibversuche. Ich veröffentlichte, mit mehr jugendlicher Unverfrorenheit als Sachverstand, Artikel über Kunstthemen, aber auch über die Gewerkschaftsbewegung, die ich wegen meines frühen Berufslebens -als Tausendsassa in Fabriken und Büros- sehr gut kannte. Mit achtzehn Jahren spürte ich die erste Panik vor einem leeren Blatt Papier, dieselbe Panik, die ich immer noch, heute zum Beispiel, verspüre: Ich wollte aus dem tiefsten Inneren schreiben, alles geben, mich hingeben - und konnte es nicht. Ich hatte es mit den Pinseln versucht - und es ebensowenig gekonnt.

Mit neunzehn Jahren war ich gestorben; ich wurde aber wiedergeboren.

Mit zwanzig schrieb ich einen schlechten Roman, unter dem Namen Galeano, dem Familiennamen mütterlicherseits, den ich von einem Urgroßvater aus Genua habe.

11

Danach starb ich noch etliche Male und wurde ebensooft wiedergeboren. Hokusai, der meisterhafte japanische Künstler, fand sechzig verschiedene Namen, um seine sechzig Wiedergeburten zu bezeichnen. Ich besitze weder seine Kühnheit noch auch nur einen Schatten seines Talentes.

OFFENBARUNG   Urgroßeltern aus Großbritannien, Italien, Spanien und Deutschland; das Gesicht eines schwedischen Konsuls in Honduras. Und dennoch, ich habe schon immer gewußt, daß ich genau so lateinamerikanisch bin wie die Steine von Machu Picchu oder wie der schlichteste Kieselstein meines Landes. Ich wußte es; und ich weiß es, wie man eben das Wirkliche begreift: wenn ich mich auf die Reise durch mich selbst begebe, vom tiefsten Inneren bis hinauf zum Kopf, und nicht umgekehrt.

Ich gehöre einer Heimat, die sich noch immer selbst verleugnet. Ich schreibe, um ihr zu helfen, sich selbst zu entdecken, sich in der Rebellion zu entdecken; und diese Heimat suchend, suche ich mich selbst; und wenn ich sie finde, finde ich mich selbst, und mit ihr - und in ihr- verliere ich mich.

OBSESSION   Ich war ein miserabler Schüler in Geschichte. Man stellte mir die Geschichte dar als einen Besuch im Wachsfigurenkabinett oder im Reich der Toten. Ich war schon über zwanzig, als ich entdeckte, daß die Vergangenheit weder still noch stumm war. Ich entdeckte es, als ich die Romane von Alejo Carpentier und die Gedichte von Pablo Neruda las. Ich entdeckte es in den Kaffeehäusern, wenn ich den Geschichten über irgendeinen sehr alten Krieger der uruguayischen Weiten lauschte, der seine müden Augenlider mit Stäbchen aus Orangenholz offenhielt, während er die feindlichen Reiter auf der Spitze seiner Lanze aufspießte. Und ich entdeckte es durch Fragen. Ich fragte, und auch mich selbst, woher kam dieser Planet, den wir bewohnen, und der jede Minute eine Million Dollar für Rüstung ausgibt, damit jede Minute dreißig unschuldige Kinder an Krankheiten oder Hunger sterben. Ich fragte, und fragte auch mich: Unsere Welt, dieses Schlachthaus, dieses Irrenhaus - ist sie das Werk Gottes oder der Menschen? Welche Vergangenheit hat diese Gegenwart hervorgebracht? Warum haben sich einige Länder zu Eigentümern anderer Länder gemacht, einige Menschen zu Ei-

12

gentümern anderer Menschen, und die Männer zu Eigentümern der Frauen, die Frauen zu solchen der Kinder - und die Sachen zu Eigentümern der Menschen?

Ich bin kein Geschichtswissenschaftler. Ich bin ein Schriftsteller mit der Obsession der Erinnerung, vor allem der Erinnerung Amerikas, und vor allem der Lateinamerikas, jener geliebten, aber zur Amnesie verurteilten Heimat.

ERKUNDUNG   In drei Monaten, in neunzig Nächten, schrieb ich *„Die offenen Adern Lateinamerikas"*. Es war das Ergebnis langer Lektüre und vieler Reisen, das Ergebnis von Wut, Liebe, Entsetzen. Und es war besonders das Ergebnis manchen Zweifels: des fruchtbaren, immer schwangeren Zweifels. Dreizehn Jahre sind vergangen, und ich bereue nichts. *„Die Adern"* verbreitet Tatsachen, die beweisen, daß die heutige Wirklichkeit Lateinamerikas nicht einem rätselhaften Fluch entspringt. Ich wollte die Geschichte erkunden, damit sie gemacht werde; ich wollte helfen, die Freiräume zu schaffen, in denen die Opfer der Vergangenheit zu Protagonisten ihrer Gegenwart werden. Ich weiß, daß das Buch recht nützlich war, soweit ein Buch es dort eben sein kann, wo es Analphabetismus, Elend und Diktaturen gibt: nützlich für jene, die den Raub von Gold und Silber und Kupfer und Öl erlitten, und auch den Raub der Stimme und der Erinnerung.

LIED   Ich bereue es nicht; und dennoch glaube ich, daß *„Die Adern"* die Geschichte auf nur eine Dimension beschränkt. Und mit Geschichte meine ich die Wirklichkeit, die lebendige Erinnerung der Wirklichkeit, das lebendige Leben, das mit vielfältigen Stimmen singende Leben; und in Amerika, wo sich alle Kulturen und Zeitalter vermischen, erscheint diese Vielfalt der Stimmen unendlich. Ich weiß nicht, ob mein Mund ihrer würdig sein wird; aber ich weiß sehr wohl, daß kein literarisches Werk sie alle umfassen könnte. Doch sie klingen so stark, daß sie wie eine unwiderstehliche Versuchung wirken.

Wie besessen versuche ich, mit Amerika zu sprechen, besonders mit Lateinamerika, als wäre es eine Person, als wäre es eine Frau, mit der ich Geheimnisse teilen wollte. Aus welchem Lehm ist sie geboren, aus welchen Liebesakten und wie vielen Vergewaltigungen kommt sie?

13

Es heißt „*Erinnerung an das Feuer*", und es wird eine Trilogie werden. In diesen Tagen habe ich gerade den zweiten Band abgeschlossen. Ich bin glücklich wie ein Hund mit zwei Schwänzen, obwohl mein Körper protestiert. In den vier Jahren, die dieses Abenteuer nun dauert, habe ich die letzten Haare meines einstmals üppig bewachsenen Hauptes verloren, dafür aber ein Zwölffingerdarm-Geschwür und ein Bandscheibenleiden gewonnen.

SCHLUSSBEMERKUNG   Jetzt, in diesen Zeilen, schreibe ich, so ist zu vermuten, so etwas wie ein Selbstporträt. Ich könnte bis auf meine sehr katholische Kindheit zurückgehen: alle schuldig vor Gottes Augen, Gott der Universelle Polizeichef, und die Seele und der Körper als die Schöne und das Biest; oder ich könnte von meinen späteren Konflikten mit den dogmatischen Versionen des Marxismus sprechen, welche die Einzige Wahrheit verkünden und den Menschen von der Natur abtrennen wie die Vernunft von den Gefühlen. Oder ich könnte davon erzählen, daß ich so manches wilde Pferd geritten habe und mich so manches Mal das Pferd abwarf; daß ich einen kleinen Teil vom Räderwerk des Terrors aus der Innenansicht kennengelernt habe, oder daß das Exil nicht immer einfach war. Ich könnte es feiern, daß nach so viel Leid und so viel Tod in mir noch die Fähigkeit lebt, über ein Wunder staunen und über eine Frechheit mich entrüsten zu können, und daß ich immer noch an die Wahrheit jenes Dichters glaube, der mir riet, nichts ernst zu nehmen, was mich nicht gleichzeitig zum Lachen brächte.

Ein Selbstporträt. Ich könnte sagen, daß ich die Opern hasse und die Plastik-Tischdecken und die Computer, daß ich unfähig bin, entfernt vom Meer zu leben, daß ich mit der Hand schreibe und fast alles streiche, daß ich dreimal geheiratet habe, daß ... Aber so viel über mich zu reden, langweilt mich. Es langweilt mich: ich stelle es fest, ich bekenne es und ich freue mich darüber.

Vor einiger Zeit sah ich einem Huhn zu, wie es auf einem Spiegel rumhackte. Das Huhn küßte sein Ebenbild. Nach einiger Zeit schlief es ein.

(1983)

ZEHN GELÄUFIGE IRRTÜMER ODER LÜGEN ÜBER LITERATUR UND KULTUR IN LATEINAMERIKA

für Juan Gelman

1. Literatur machen heißt, Bücher zu schreiben

Schriftsteller ist, wer Bücher schreibt, sagt die bürgerliche Denkweise, die alles vierteilt, was ihr in die Hände fällt. Die Unterteilung der schöpferischen Tätigkeit hat ihre Ideologen, die darauf spezialisiert sind, Mauern zu errichten und Gräben auszuheben. Bis hierher, sagt man uns, reicht der Roman; das ist die Grenze des Essays; da beginnt die Poesie. Und bitte keine Verwechslungen: Dort drüben ist die Grenze, sie trennt die Literatur von den niederen Gefilden, jenen Unterarten wie dem Journalismus, dem Lied, den Drehbüchern für Film und Fernsehen, dem Hörspiel.

Die Literatur umfaßt jedoch die Summe all' jener geschriebenen Texte, die einer bestimmten Kultur zugehörig sind, unabhängig von der Wertschätzung, die sie im einzelnen verdienen. Ein Artikel, eine Liedstrophe oder ein Drehbuch sind auch Literatur - mittelmäßige oder brillante, entfremdende oder befreiende, so wie jedes Buch eben auch schlecht oder gut sein kann.

In den Schablonen dieser Seelenzerbrecher gäbe es keinen Platz für viele der erfolgreichsten und schönsten literarischen Schöpfungen Lateinamerikas. Das Werk des Kubaners José Martí zum Beispiel, wurde vor allem zur Veröffentlichung in Zeitungen geschrieben - der Lauf der Zeit bewies, daß diese Texte sowohl dem Moment als auch der Geschichte gehören. Der Argentinier Rodolfo Walsh, einer der wertvollsten Schriftsteller seiner Generation, hat den größten Teil seines Werkes im journalistischen Bereich entwickelt, und mit seinen Reportagen hat er unermüdlich Zeugnis abgelegt von der Infamie und die Hoffnung in seinem Land. Der offene Brief, den Walsh 1977 an die Militärdiktatur Argentiniens aus Anlaß ihres ersten Jahrestages richtete, ist ein wichtiges Dokument der Zeitgeschichte Lateinamerikas. Es war das letzte, was er schreiben konnte. Am nächsten Tag hat ihn die Diktatur entführt und verschwinden lassen.

Ich frage mich, da ich beim Aufzählen von Beispielen bin, ob es dem Werk von Chico Buarque an literarischem Wert mangelt, nur weil es geschrieben wurde, um gesungen zu werden. Ist denn Popularität eine Ehrverletzung der Literatur? Die Tatsache, daß die Gedichte von Chico Buarque, dem vielleicht besten brasilianischen Dichter der jungen Generation, in aller Munde liegen und in den Strassen gesungen werden - schmälert sie etwa sein Verdienst oder verringert sie seine Bedeutung? Ist Poesie nur etwas wert, wenn sie auf Papier gedruckt wird, und sei es in nur tausend Exemplaren? Die besten Gedichte Uruguays des letzten Jahrhunderts -die ,,cielitos", die Volksweisen von Bartolomé Hidalgo- wurden geschaffen, um die Gitarre zu begleiten, und sie leben noch heute fort im Repertoire der Volkssänger. Mir ist bekannt, daß Mario Benedetti seine Liedertexte nicht für weniger ,,literarisch" hält als seine gedruckten Gedichte. Die Gedichte von Juan Gelman, die den Tango nicht imitieren, sondern in sich schon enthalten, verlieren nichts von ihrer Schönheit, wenn sie sich dann in Tangolieder verwandeln. Ähnliches geschieht mit Nicolás Guillén. Stammt denn der ,,son", seine charakteristischste poetische Form, nicht etwa von der in Kuba populären afro-kubanischen Musik?

In einem derart ausschließenden Sozialsystem, wie es in den meisten Ländern Lateinamerikas herrscht, werden wir, die Schriftsteller, dazu gezwungen, alle Ausdrucksformen zu nutzen. Mit Einfallsreichtum und Geschick ist es immer möglich, in den Mauern jener Festung, die uns zum Schweigen verurteilt und uns den Zugang zu den großen Menschenmengen erschwert oder unmöglich macht, ein paar Risse anzubringen. In den Jahren des Zweiten Weltkrieges schrieb Alejo Carpentier Hörfunkdramen, die sehr populär waren in Kuba, und einer der besten zeitgenössischen Erzähler Venezuelas, Salvador Garmendia, schreibt in Caracas ,,telenovelas", die so beliebten Seifenopern des Fernsehens. Julio Cortázar schrieb eines seiner letzten Bücher, ,,Fantomas gegen die Multinationalen", auf der Grundlage eines Comic strips, und als solcher verkaufte es sich auch an den Zeitungskiosken in Mexiko.

Ich bin weit davon entfernt, den Wert des Buches als Mittel des literarischen Ausdrucks leugnen. Aber es geht einfach darum, endlich seinen Monopol-Anspruch in Frage zu stellen. Dies führt uns zu der nächsten, ebenso falschen, aber recht häufigen Konzeption.

2. Unter Kultur versteht man die Produktion und den Konsum von Büchern und anderen Kunstobjekten.

In den meisten Fällen wird diese Behauptung nicht ausgesprochen; dennoch ist sie allgegenwärtig. Dabei greift sie, meine ich, viel zu kurz. Erstens, weil sie die Wissenschaft ausschließt, dieses gesamte Universum wissenschaftlicher Kenntnis, das zur Kultur gehört, das aber konsequent von den Intellektuellen verleugnet wird, die sich den Künsten zugewandt haben. Außerdem wird durch eine solche Behauptung die Kultur zu einer Industrie herabgewürdigt, einer Produktion von Luxusartikeln, die die sogenannte „Massenkultur" leugnet, welches die eigentliche Kulturindustrie ist, international aufgebaut zur Eroberung der großen Märkte. Und drittens, aber nicht weniger bedeutsam: Dieser Kulturbegriff tut so, als gäbe es keine spontanen und wertvollen Ausdrucksformen der Volkskultur.

Die erste Unterlassung, die Leugnung der Wissenschaft als einer kulturellen Arbeit, erscheint im Lichte der jüngsten lateinamerikanischen Geschichte unerklärlich. Die Flut von Diktaturen hat in den siebziger Jahren nicht nur gefährliche Schriftsteller und subversive Theatermenschen mit sich gerissen, nicht nur aufmüpfige Musiker, ungehorsame Karikaturisten und Lehrer, die ihren Lehrauftrag als Erziehung zum freien Menschen verstanden. Die Diktaturen sind auch gegen die befreienden Wissenschaftsprojekte zu Felde gezogen. Und aus ihrer Sicht zu recht: die Opfer des Systems können sich mitunter irren; die Herren nicht. Das Technologie-Monopol ist ein Schlüssel zur Herrschaft in unserer heutigen Welt, und die latein-amerikanischen Diktaturen -politische Parteien der multinationalen Firmen- erfüllen ihre Aufgabe: Sie reißen die wenigen wissenschaft-lichen Forschungszentren nationalen Charakters nieder, damit un-sere Länder weiterhin dazu verurteilt bleiben, die ausländische, die von den Gebietern kontrollierte Technologie zu konsumieren. Ebenso wie die Schriftsteller, sind auch die Wissenschaftler nie unschuldig: Es gibt eine Art, Wissenschaft zu machen, die allein schon durch ihre Existenz die Herren eines Systems anklagt, wel-ches das Land und das Volk als Feind betrachtet.

Was die zweite Unterlassung betrifft - wer könnte da den Einfluß bestreiten, den die sogenannte „Massenkultur" auf die großen Volksmengen Lateinamerikas hat, die nicht lesen zu können brauchen, um Radio zu hören oder fernzusehen. Diese „Massenkultur" wird serienweise in den großen Machtzentren der kapitalistischen Welt produziert, besonders in den USA, und durch den Export strahlt sie weltweit Lebensmodelle aus. Der Kultur-Imperialismus wirkt über das Bildungssystem, aber noch mehr wirkt er über die Massenmedien: die Fernsehkanäle, die Rundfunkstationen, die Zeitungen und die Zeitschriften mit großen Auflagen. Der Fernsehapparat herrscht. Dieses Familien-Totem unserer Zeit lähmt seine Gläubigen für mehr Stunden als sonst irgendein Prediger, und es überträgt die Ideologie mit einer verwirrenden Ausstrahlungs- und Überzeugungskraft.

Der größte Teil der lateinamerikanischen Länder erleidet eine Umbestimmung der Idee der Staatsmacht. In Zeiten der *Nationalen Sicherheit* leben die Menschen in Gefangenschaft, damit die Geschäfte sich in Freiheit entfalten und damit die Allianz zwischen der Kultur-Industrie und dem militärischen Apparat sich konsolidieren kann. Abgesehen von einigen rühmlichen Ausnahmen, strahlen die Massenmedien eine kolonialistische und entfremdende Kultur aus, mit dem Ziel, die ungleiche Aufteilung der Welt als das Ergebnis des legitimen Triumphes der Besseren -das heißt der Stärkeren- zu rechtfertigen. Man fälscht die Vergangenheit und lügt über die Gegenwart; man schlägt ein Lebensmodell vor, das den Konsumismus als Alternative zum Kommunismus preist, sowie das Verbrechen als Heldentat, Skrupellosigkeit als Tugend und Egoismus als Selbstverständlichkeit. Man lehrt das Gegeneinander, nicht das Miteinander: In der so beschriebenen und vorgeschriebenen Welt gehören die Menschen den Autos, und Kultur wird wie eine Droge konsumiert, aber nicht geschaffen. Das ist zwar auch eine Kultur, aber eine Kultur der Resignation, die künstliche Bedürfnisse erzeugt, um die tatsächlichen zu verdecken. Niemand wird wohl, so meine ich, das Ausmaß ihres Einflusses leugnen können. Dennoch muß gefragt werden: Sind die Medien, die diese Kultur austrahlen, daran schuld ? Ist der Fernseher schlecht und sind die Bücher gut ? Es ist doch nicht das Messer des Mordes schuldig? Gibt es etwa nicht Bücher im Überfluß, die uns lehren, uns selbst zu verachten und den Lauf der Geschichte als gegeben hinzunehmen, anstatt ihn zu gestalten ?

Und was die dritte Unterlassung angeht, scheinen mir einige Beispiele vom Río de la Plata vielsagend zu sein. Als die argentinischen Militärs im März 1976 wieder die Macht übernahmen, beeilten sie sich, neue Regeln für die Massenmedien zu erlassen. Die neue Zensur verbot, unter anderem, die Ausstrahlung von Straßenumfragen oder Meinungen von Nicht-Spezialisten zu jedwedem Thema. Das Machtmonopol war also auch ein Wortmonopol, das den „Mann von der Straße" zum Schweigen zwang. Das war und ist die Krönung des Privateigentums: Nicht nur die Fabriken, das Land, die Häuser, die Tiere und sogar die Menschen haben Eigentümer, sondern auch die Gedanken. Die Volkskultur, die auf dem Land und in den Straßen lebt, ist immer eine „Meinung von Nicht-Spezialisten". Einige Intellektuelle schauen verächtlich zu ihr herab, aber die Diktaturen irren schon nicht, wenn sie diese Volkskultur verbieten.

In Uruguay zum Beispiel hat sich in diesen letzten Jahren die kulturelle Unterdrückung nicht darauf beschränkt, fast alle Zeitungen und Zeitschriften zu verbieten, Bücher auf Scheiterhaufen zu verbrennen oder durch den Reißwolf zu jagen, um sie als Konfetti-Papier zu verkaufen, und zahlreiche Wissenschaftler und Künstler zum Exil, zum Gefängnis oder zum Grab zu verurteilen. Die Diktatur hat auch die Versammlungen verboten, ebenso alle anderen Möglichkeiten für einen Dialog oder eine Debatte zwischen den Menschen; und in den Schulen dürfen die Schüler außerhalb der Unterrichtsstunden keinen Kontakt mit ihren Lehrern aufnehmen. Und mehr noch: Man hat die Texte einiger Karnevalslieder verboten, so gefürchtet waren sie wegen ihres kräftigen Protestes und ihrer Dreistigkeit; und diejenigen, die sie sangen, landeten im Gefängnis. Es ist kein Zufall, daß der Karneval -die Zeit der Waffenruhe und der Rache, in der die Nacht zum Tag und der Bettler zum König wird- die repressiven Regime beunruhigt. Es ist auch kein Zufall, daß diese Diktaturen die Sauberkeit der Wände überwachen. In den Ländern, die als ein Gefängnis funktionieren, tragen die Wände keine Graffiti. Die Wand ist die Druckerei der Armen: ein Kommunikationsmittel, über das die Vergessenen und die Verdammten dieser Erde schnell und heimlich, aber mit Risiko, verfügen können. Nicht umsonst wandert in Buenos Aires jeder in den Knast, der nicht binnen vierundzwanzig Stunden seine Hausfassade wieder sauber macht.

3. Die Volkskultur kommt aus dem Traditionellen

Aus der Sicht der herrschenden Ideologie ist Folklore sympathisch, aber von geringem Wert. Doch diese väterliche Sympathie läßt ihre Maske fallen und enthüllt ihre schlichte Verachtung, wenn das Kunsthandwerk den heiligen Hain der „Kunst" betritt. Im Jahr 1977 hat der peruanische Maler Fernando Szyszlo auf seinen Sitz in der Nationalen Kulturkommission verzichtet, weil man, als Exponate Perus, zur Biennale von São Paulo eine Auswahl von handwerklichen Stücken entsandt hatte. Ein Jahr zuvor hatte es in Lima einen Skandal gegeben, als ein Altarbild von Joaquín López Antay den Nationalpreis gewann. Der Verband der bildenden Künstler erhob dagegen seinen energischen Protest und spaltete sich nach dieser Episode. Ich erinnere mich noch an die langen Gesichter so mancher Staffelei-Maler in Panama, als ich zu behaupten wagte, daß einige der Wandteppiche der Cuna-Indios, von den San Blas Inseln es verdienten, zu den besten *zeitgenössischen* Schöpfungen der Bildenden Kunst ihres Landes gezählt zu werden.

Für das System ist es klar: Zumindest in der Theorie leugnet niemand das Recht des Volkes, Kultur zu *konsumieren*, die von Spezialisten *erschaffen* wurde, auch wenn sich in der Praxis dieser Konsum auf die einfallslosen Produkte der sogenannten Massenkultur beschränkt. Was die schöpferische Kraft des Volkes angeht: Kein Problem, solange sie sich nur im Rahmen hält. Ein paar mehr oder weniger exotische Archetypen, mit schillernden Kostümen, einer sich wiederholenden Sprache, die nichts bedeutet: das „Volkstümliche" ist das „Pittoreske". Die Devisen, die der Tourismus zurückläßt, reichen aus, um die Steuern für das schlechte Gewissen zu bezahlen. Eine einbalsamierte Geschichte und eine Identität aus Pappmaché dekorieren, aber sie verletzen niemanden.

Aber warum lebt zum Beispiel „Popol Vuh", das Heilige Buch der Mayas, noch immer, jenseits der Bibliotheken der Historiker und der Anthropologen? Im Laufe der alten Zeiten vom Maya-Quiché-Volk erschaffen, ist dieses anonyme Gemeinschaftswerk nicht nur weiterhin einer der literarischen Höhepunkte Lateinamerikas. Für die indigene Mehrheit der guatemaltekischen Gesellschaft ist es auch ein wunderschönes und scharfes Werkzeug, denn die Mythen, die es enthält, leben weiter in der Erinnerung des Volkes, das sie erschaffen hat. Nach viereinhalb Jahrhunderten der Erniedrigung fristet dieses Volk weiterhin ein Leben wie ein Lasttier. Die heiligen Mythen, die die Zeit des Kampfes und die Bestrafung der Hochmütigen und Habsüchtigen ankündigen, erinnnern die Indios von Guatemala daran, daß sie Menschen sind und daß sie eine viel länger Geschichte haben als die Gesellschaft, die sie mißbraucht und mißachtet; und deswegen werden sie jeden Tag neu geboren.

Tatsächlich enthält die Kultur der herrschenden Klasse, zur Kultur der gesamten Gesellschaft erhoben, ihre eigene Verleugnung. Sie trägt in sich die Embryonen einer anderen, möglichen Kultur, die Erinnerung an ein vor langer Zeit entstandenen und immer weiter angesammeltes Erbe ist und zugleich eine andere Wirklichkeit verspricht.

Diese authentische Nationalkultur, die in einigen Teilen Lateinamerikas eine sehr starke Verwurzelung im Volke hat, wirkt nicht wie die Reproduktion der herrschenden Kultur. Im Gegenteil: Das fast vollständige Fehlen schöpferischer Phantasie bildet eine der herausragenden Eigenarten unserer herrschenden Klassen. Nur in seltenen Fällen waren sie dazu fähig, ein kulturelles Projekt zu entwerfen, das über die schlichte Übersetzung dessen hinausreichte, was uns die Metropolen als Modell vorgeben. Wenn die materiellen Grundlagen eines Landes dem Ausland gehören und wenn das Land wie ein Konzentrationslager organisiert ist, - kann dann eine von allen getragene nationale Kultur aufblühen und aus dem Vollen schöpfen ? Die herrschende Kultur handelt als beherrschte Kultur, denn von außen beherrscht ist die Klasse, die sie produziert, eine nachäffende und impotente Bourgeoisie voller Geschäftsführer, deren Beliebtheit nicht über die Grenzen ihrer Demagogie hinausreicht. Wenn in Venezuela die schwarzen Bohnen, das Nationalgericht, aus den USA in Plastiktüten mit der Aufschrift „beans" importiert werden, dann braucht man sich auch nicht zu wundern, daß die venezolanischen Kinder die Geschichte ihres Landes nicht kennen. Eine kürzlich durchgeführte Umfrage ergab, daß eine überwältigende Mehrheit der venezolanischen Kinder glaubt, Guaicaipuro sei ein Fernsehpreis - sie wußten nicht, daß so der Indianerheld hieß, der gegen die spanische Eroberung gekämpft hat.

Aber während die herrschende Kultur das Wissen verteilt -oder besser gesagt: Unwissen *verteilt* - kann eine andere, aufstrebende

Kultur die Verständigungs- und Schöpfungsmöglichkeiten der großen und bisher zum Schweigen verurteilten Mehrheiten *entfesseln.*
Diese Kultur der Befreiung nährt sich aus der Vergangenheit, ver-
bleibt aber nicht in ihr. Von fernen Zeiten kommen einige der
Symbole unserer kollektiven Identität, die uns heutigen Lateinamerikaner dazu befähigen, neue Freiräume der Partizipation, Kommunikation und Begegnung zu eröffnen; aber diese Symbole leben nur
in dem Maße, wie sie vom Wind der Geschichte in Bewegung
gehalten werden.

Die Volkskultur besteht nicht *nur* aus den typischen Traditionen,
die zudem in manchen Fällen eine fragwürdige Herkunft haben. Die
Rettung der kulturellen Identität der Völker am Río de la Plata beruht
nicht auf der Tatsache, daß man die *blue jeans* durch die bombacha,
die traditionelle Gaucho-Hose, ersetzt, denn letztere entstammt einem Produktionsüberschuß der Engländer während des Krimkrie-
ges. Und mit Recht verwies Carlos Monsiváis in einer kürzlich erschienenen Arbeit darauf, daß die Lieder von Jorge Negrete, dem Symbol
des offiziellen Mexiko, als eine Adaption des „singenden Cowboy"
im Stile von Gene Autry oder Roy Rogers entstanden sind. Im Grunde
stehen sich verschiedene Wertesysteme gegenüber, und es geht nicht
um Fragen der Form. Was kann denn eine wahre Volkskultur anderes
sein als ein komplexes System von Identitätssymbolen, das das Volk
erhält und *schafft*? Wenn man der Volkskultur diese schöpferische
Dimension abstreitet, schickt man sie in das Museum.

4. Der Schriftsteller erfüllt eine zivilisatorische Aufgabe

Das Sendungsbewußtsein des Schriftstellers, der seinem Handwerk
eine religiöse Bedeutung beimißt und die sich daraus ergebenden
Privilegien einklagt, stammt in Lateinamerika in direkter Linie von
der romantischen Tradition und der liberalen Ideologie ab, die das
Buch vergöttern, als wäre es eine Schatztruhe der Zivilisation. Ein
jeder, der schreibt, veröffentlicht und einen Leser außerhalb seiner
Familie erreicht, fühlt sich schon als Auserwählter. Das ist auch ein
Abglanz des kulturellen Kolonialismus und entstammt einer euro-
zentristischen Sicht der Welt: „Wir sind Europa, auch wenn wir in
barbarischen Ländern geboren sind", „Gebildet sind jene, die uns
ähnlich sind", „Fortschrittlich zu sein bedeutet, wie wir zu sein".

Man identifiziert die Kultur mit den akademischen Weihen oder dem einsamen Talent, und man setzt die „Zivilisation", die von oben und von außen kommt, in einen Gegensatz zur „Barbarei", die sich unten und drinnen befindet.

Ein erfolgreicher argentinischer Schriftsteller des letzten Jahrhunderts, Domingo Faustino Sarmiento, segnete mit dem Motto „Zivilisation oder Barbarei" den Ausrottungskrieg ab, den die Hafenstadt Buenos Aires gegen die aufrührerischen Provinzen führte. Dieser Gegensatz lebt bis in die heutige Zeit fort und schlägt weiterhin zu: die Zivilisation als importierte Kultur, gegen die Barbarei, also die nationale Kultur. Die Zivilisation als Kultur der wenigen, gegen die Barbarei und die Ignoranz aller anderen.

Diese kulturbeflissene Pedanterie gehört zum System frei erfundener Rechtfertigungen, mit denen die herrschenden Klassen und die reichen Länder die Ausbeutung einer Klasse durch die andere sowie einiger Länder durch andere begründen. Diese Pedanterie ist außerdem das Ergebnis der sozialen Arbeitsteilung. Eigentlich sind sowohl die *Intellektuellen*, ein Ausdruck, der den Menschen auf einen Kopf verkürzt, als auch die *Handwerker*, ein auf seine Hände verkürzter Mensch, das Ergebnis der gleichen Spaltung des Menschen. Der kapitalistische Fortschritt erzeugt Krüppel.

Die meisten lateinamerikanischen Länder sind weit davon entfernt, Gesellschaften zu sein, in denen die Schöpfung nicht mehr ein Privileg ist, sondern ein kollektives Recht. Karl Marx sagte einmal, die Kunst sei die höchste Freude des Menschen. Ein Bedürfnis für alle, aber ein Luxus für wenige. Wir Schriftsteller kommen aus einer Minderheit, für die wir schreiben, auch wenn uns der Vorsatz und die Hoffnung antreiben, uns allen Menschen mitzuteilen.

Derweil gibt es solche, die meinen, sie seien die Erben jener Pracht, die dem Parthenon direkt entspringt: der Schriftsteller „gewährt" Kultur; er unterhält sich nicht mit den anderen, indem er ihnen das zurückgibt, was er zuvor von ihnen bekommen hat, sondern er übermittelt den anderen eine Wahrheit, als täte er ihnen damit einen Gefallen - was allerdings in den meisten Fällen mit kollektiver Undankbarkeit gestraft wird. Genau genommen teilen diese Aristokraten des Talents die der sogenannten *Massenkultur* innewohnende Philosophie, die sich wie folgt zusammenfassen läßt: „Das Volk frißt Scheiße, weil es das so will."

Dieselbe Haltung lebt, glaube ich, in einigen kleinbürgerlichen Intellektuellen fort, auch wenn ihr schlechtes Gewissen es nie zugeben würde, die eine schematische und vereinfachende Literatur „für Arbeiter" schreiben, als ob die Arbeiter ein Haufen geistig Debiler seien. Lenin lästerte immer über die „Literatur für Arbeiter". Er bewunderte und genoß Tolstoi, Dostojewski und Puschkin, und er sah die Notwendigkeit, den Arbeitern den Zugang zur „Literatur für alle", wie er sie nannte, zu ermöglichen, um die Kenntnis von der Wirklichkeit und das kritische Bewußtsein zu erweitern. Lenin lästerte über die mildtätigen Intellektuellen, „die tatsächlich glauben, es reiche aus, den Arbeitern vom Leben in der Fabrik zu erzählen, und ihnen etwas einhämmern, das sie schon längst kennen." Dieser väterliche, wiederholende und langweilige Unterton breitet sich nicht nur in so manchem Roman des „sozialistischen Realismus" aus, sondern er findet sich auch in sehr vielen politischen Dokumenten, Zeitschriften und Flugblättern der lateinamerikanischen Linken wieder. Und wenn ich mich nicht täusche, auch bei der Linken in der restlichen Welt, ob sie nun gerade mit der Fülle der Macht ausgestattet ist oder aus der Wüste ruft.

Ich glaube, daß sie falsch ist, diese Polemik zwischen den Monopolisten der Schönheit, die sich weigern, auf das Niveau des Volkes „herabzusinken", und den Gutwilligen, die das Niveau „absenken" wollen, um mit den Massen zu kommunizieren. Beide sind sich darüber einig: Sie wirken von oben herab und verachten, was sie nicht kennen.

5. Eine wahre Demokratie ist jene, die den Schriftstellern und Künstlern die Meinungsfreiheit garantiert.

Diese für das liberale Gedankengut so typische Auffassung sieht die Schriftsteller und Künstler abseits aller Wirren und Unbilden des Lebens. Sie behütet das Wohlergehen der Dichter, aber sie kümmert sich nicht um das Schicksal der Metallarbeiter, der Sekretärinnen, der Maurer oder der Landarbeiter. Für gewöhnlich hören wir wütende Proteste gegen die *konjunkturelle Zensur*, die aber geflissentlich die *strukturelle Zensur* übersehen. Man verurteilt das Verbot, die Ermordung, die Verhaftung oder die Vertreibung der Schrifsteller, die Plünderung von Bibliotheken, die Schließung von Zeitungen und die Bücherverbrennungen, als seien dies alles nur „Auswüchse" und „willkürliche Überschreitungen" und nicht die dramatischen Konsequenzen eines Systems, das sich nicht anders zu helfen weiß, als auf die Gewalt zurückzugreifen, um das wachsende Heer der Arbeitslosen, Verzweifelten und Verdammten stillzuhalten.

Ein Bericht der Internationalen Arbeitsorganisation der UNO belegte vor einigen Jahren, daß in Lateinamerika hundertzehn Millionen Menschen in „sehr großer Armut" leben. Wird denn etwa keine *strukturelle Zensur* verhängt gegen eine derart große Menschenmenge, wenn man ihr den Zugang zu den Büchern und den Zeitschriften verwehrt, obwohl diese *frei verkäuflich* sind? Wie sollen diese Menschen lesen, wenn sie nicht lesen können oder kein Geld haben, um sich das zu kaufen, was sie lesen wollen? Ist es etwa keine *strukturelle Zensur*, die in unseren Gesellschaften die Meinungsfreiheit und die Schaffensfreude für eine privilegierte Minderheit reserviert, während sie Augen und Mund aller anderen verschließt?

In den letzten Jahren hat in verschiedenen Ländern Lateinamerikas die Militarisierung der Macht auch eine verstärkte Militarisierung der Kultur nach sich gezogen. Die „irrationale" Gewalt der Diktaturen hat überhaupt nichts vernunftwidriges: nicht der Diktator ist die Diktatur, sondern das System, das die Gewalt braucht, um dem Ausbruch der politischen und sozialen Spannungen vorzubeugen. In diesem größeren Zusammenhang teilen einige Schriftsteller, Künstler und Wissenschaftler das Unheil mit vielen anderen Menschen. Die Literatur ist nicht unschuldig, die Kunst ist nicht unschuldig, die Wissenschaft ist nicht unschuldig. Es gibt auch Intellektuelle, die die Henker preisen, oder die zumindest komplizenhaft schweigen. Es sind jene, die von einer freien Kunst träumen, auch wenn die Gesellschaft im Knast ist.

Es wimmelt geradezu von Schriftstellern und Künstlern, die das Privileg der Unverantwortlichkeit einfordern. Die Aufgabe der Kultur sei metaphysisch, losgelöst von der Geschichte und den sozialen Kämpfen: die Bücher und Bilder entstehen „durch" den Auserwählten, weil Gnome, Dämonen oder private Gespenster sie ihm einflüstern. Der Künstler wird gewissermaßen mit einer Versicherungspolice für Straflosigkeit geboren.

Man sagt zum Beispiel: „Jorge Luis Borges meint, das argentinische Volk sei blöd, die Neger seien minderwertig und stänken, die
Indios, Gauchos und Vietnamesen hätten ihr Blutbad verdient, und
die Schwerter von Videla und Pinochet hätten noch zuwenig
Blut ..... Aber Borges' Literatur, das ist *etwas anderes* !" Dennoch
sind in den Büchern, und auch in den Erklärungen dieses Mannes,
die Verachtung für das Volk und die fatalistische Lebenskozeption
präsent, wie auch der Gedanke, jede Vergangenheit -die Vergan-
geneit der Vorfahren- sei besser gewesen. Im August 1976 sagte er
zum Beispiel: „Die Willensfreiheit und die Freiheit überhaupt sind
notwendige Illusionen", und „Die Demokratie ist ein Mißbrauch der
Statistik". Eine unerklärliche und unverrückbare Weltordnung spielt
in den Werken dieses - zweifellos brillanten - Schriftstellers nach
Gutdünken mit der Willenskraft der Menschen; und das Leben ist
nur ein Labyrinth, das Labyrinth einer endlosen Bibliothek, das uns
nirgendwo hinführt. Man gewährt uns allerhöchstens die Nostalgie;
niemals die Hoffnung. Worin sollte also der Widerspruch von Borges' Konzeption zu einem System bestehen, das die Menschen aller
Freiheit und Geschichte beraubt und dabei sich selbst als ewig
ausgibt ?

**6. Man kann nicht von einer lateinamerikanischen Kultur
sprechen, denn Lateinamerika ist nur eine geographische
Realität.**

Nur eine geographische Realität ? Und sie bewegt sich doch. In den
-zuweilen winzigen- Taten offenbart Lateinamerika jeden Tag so
viele Gemeinsamkeiten wie Gegensätze; wir Lateinamerikaner teilen uns einen gemeinsamen Raum, nicht nur auf der Landkarte. Sehr
wohl wußten dies die Helden, die zu Anfang des letzten Jahrhunderts Lateinamerika, wenn auch vergeblich, einigen wollten - aber
auch das erfolgreiche Imperium, das dieses Lateinamerika Zug um
Zug auseinandergebrochen hat, um es zu beherrschen. Und sehr
wohl wissen das auch heute die multinationalen Unternehmen, die
ihre Geschäfte im lateinamerikanischen Maßstab planen, und die
nach Gutdünken die Mechanismen der Integration lenken.
  Wahr ist, daß in Lateinamerika Gesellschaften verschiedener Her-

kunft, mit unterschiedlichen Merkmalen und mit unterschiedlichem Entwicklungsniveau existieren. Und man kann dementsprechend von „der lateinamerikanischen Kultur" ebensowenig reden, wie man von „der Kultur" sprechen kann, ohne eine hohle Abstraktion zu benutzen. Aber ein gemeinsamer Rahmen schließt die Unzahl -verfeindeter oder sich ergänzender- Kulturen ein, die sich auf unserem Kontinent regen. Als ein Raum der Widersprüche und der Begegnungen bietet Lateinamerika den Kulturen der Angst und den Kulturen der Freiheit ein gemeinsames Schlachtfeld, den Kulturen, die uns verleugnen, und jenen anderen, in denen wir wachsen. Diese Gemeinsamkeit kommt aus der Vergangenheit, nährt sich von der Gegenwart und überträgt sich als Notwendigkeit und Hoffnung auf die Zukunft. Trotzig hat diese Gemeinsamkeit überlebt, obwohl sie mehrmals verletzt oder zerschlagen wurde von jenen, die unsere Unterschiede unterstreichen, um unsere Ähnlichkeiten zu verbergen.

Nun gut: auf den ersten Blick ähneln sich ein Brasilianer und ein Bolivianer, ein Mexikaner und ein Uruguayer kaum. Aber es gibt keine nationale Einheit, die sich mit der Demütigung einiger Nationalitäten durch andere legitimieren könnte, mit der Unterdrückung einiger Kulturen durch andere. Die politische Realität des demokratischen Spaniens, zum Beispiel, hat die nicht minder tiefen Unterschiede -Unterschiede der Herkunft, der Tradition und sogar der Sprache- zutage gebracht, die es tatsächlich zwischen einem Katalanen und einen Kastilier, einem Basken und einem Andalusier oder Galizier gibt.

Von dem ausgehend, was uns verbindet, und auf der Grundlage der Achtung unserer unzähligen nationalen Identitäten, ist Lateinamerika ein Werk, das erst noch vollendet werden muß. Unsere Wirtschaft wurde nach außen orientiert, um dienstbar zu sein, und auch unsere Kulturen suchen - immer noch - ihre Vollendung in den europäischen Hauptstädten, wo die Zollbeamten der Literatur ihren Sichtvermerk geben müssen, ehe ein paraguayischer Roman als wervoll genug auch für Venezuela gestempelt wird.

Mit beredter Leichtigkeit nehmen unsere wahrhaftigen, aber bisher unverbundenen Kulturen Kontakt miteinander auf, wenn man sie denn läßt. Viele Gründe und Geheimnisse lassen uns als winzige Teile eines großen Vaterlandes fühlen, wo Menschen aus aller Welt und aus allen Kulturen sich über die Jahrhunderte getroffen haben,

um sich zu vermischen und zu sein. Ungeachtet der verschiedenar-
tigen Rassen, Wurzeln und Statistiken gehört das kulturelle Erbe
Mexikos oder Ekuadors auch zu Uruguay oder Argentinien, und
umgekehrt, in dem Maße eben, wie die einen jenen anderen Antworten geben können auf die Herausforderungen, die uns die
heutige Wirklichkeit stellt. Die schwarze Kultur Haitis ist der indigenen Kultur Guatemalas nicht fremd, denn in beiden können jene
Menschen glasklare Antworten finden, die sich im selben Raum, in
der selben Zeit und im selben historischen Drama wiederfinden.
Welcher Hispanoamerikaner kann nicht bei Guimaraes Rosa, Drum-
mond de Andrade oder Ferreira Gullar auch das eigene Herz klop-
fen spüren ? Welcher Brasilianer fühlt nicht, daß Alejo Carpentier,
Julio Cortázar und Juan Rulfo auch ihm gehören ? Die Revolutionen
Kubas und Nicaraguas sind keinem Lateinamerikaner fremd. Die
Tragödie Chiles hat uns allen eine tiefe Wunde geschlagen.

**7. Die große Aufgabe der neuen Literatur Lateinamerikas
besteht in der Erfindung einer neuen Sprache.**

Der Vergangenheit gehören -glücklicherweise- die romantisieren-
den Romanschinken an, ebenso der Paternalismus der „indigenisti-
schen" Schriftsteller und der verlogene „Nativismus", die in den
Metropolen und für diese geschrieben wurden. In den letzten zwanzig oder dreißig Jahren hat die lateinamerikanische Literatur ein
neues Bewußtsein von der Realität an den Tag gelegt, das in einigen
jugendlichen Bereichen der Mittelklasse ausgebrütet wurde und das
sich auf kultureller Ebene mit der gleichen Kraft entfaltete wie auf
der politischen.
Die Experten, die Schale und Kern verwechseln, sagen uns: „Das
ist die Revolution der Sprache. Die Sprache spielt die Hauptrolle im
neuen lateinamerikanischen Roman". Stimmen ? Oder nur ein
Echo ? Die neueste Mode der kulturellen Haute Couture kommt bei
uns, wie auch alles andere, mit Verspätung an, wenn sich in den
europäischen Metropolen schon kaum einer mehr für sie interessiert. Die Pierre Cardin der Schriftstellerei haben in Paris diese
Theorie erfunden, oder besser gesagt, wiedererweckt, denn sie ist
schon alt; und die Kopisten haben sie auf die neu aufkommende

lateinamerikanische Literatur angewandt, um sie des kritischen Inhalts zu berauben. Aber die Sprache ist das Instrument, nicht die Melodie; und die wahren Hauptrollen der neuen lateinamerikanischen Erzählkunst spielen nicht die Pronomen und die Adjektive, sondern Männer und Frauen aus Fleisch und Blut.

Sicherlich kann man dem Wort seine verlorene Würde nicht mit Hilfe einer Revolution der Syntax zurückgeben. Das System entleert die Sprache ihres Sinnes, nicht um der schönen Pirouette willen, sondern weil sie die Menschen isolieren muß, um sie besser zu beherrschen. Sprache bedeutet Kommunikation und ist deswegen gefährlich für ein System, das die menschlichen Beziehungen auf Angst, Mißtrauen, Wettbewerb und Konsum beschränkt. Derselbe Mechanismus, der die neuen Generationen in die Verzweiflung und in die Polizeiberichte treibt, benennt auch -in Uruguay- mit „Libertad", Freiheit, ein Gefängnis, und mit „Colonia Dignidad", Kolonie Würde, ein Konzentrationslager in Chile.

Die Verkürzung der Literatur auf das reine Feuerwerk verrät auf der ästhetischen Ebene einen Kult der Formen, der dem gleichkommt, was auf politischer Ebene zur Verwechslung zwischen Demokratie und Wahlen führt. Ebenso verrät es eine Verwechslung von Mittel und Zweck, ähnlich jener der Technokraten, die auf wirtschaftlichem Sektor meinen, der Fortschritt sei das letzte Ziel einer jeden Gesellschaft.

8. Lateinamerika hat eine üppige Natur: seine Literatur ist folglich barocker Art.

Es kommt hier nicht darauf an, die tausendundeine Theorie über das Barock zu diskutieren. Dieses Etikett wird auf so verschiedene Künstler wie Rembrandt und Rubens angewandt, oder auf Schriftsteller, deren einzige Gemeinsamkeit allerdings darin besteht, im selben Land geboren worden zu sein, - wie es zum Beispiel der Fall von Alejo Carpentier und Severo Sarduy ist.

Es wäre unmöglich, einen gemeinsamen Nenner zu finden. Jeder versteht das Barock auf seine Art: für die einen bezeichnet dieses Wort eine bestimmte Stilart für andere wiederum eine Epoche der Kunstgeschichte. Eigentlich findet jeder Theoretiker in diesem Wort genau das, was er ihm zuvor eingebleut hat.

In einem vor einigen Jahren veröffentlichten Essay protestiert der Kubaner Leonardo Acosta zu recht gegen den „stilistischen Fatalismus", so unannehmbar wie jeder andere Fatalismus auch, wonach der barocke Stil der üppigen Natur Lateinamerikas entspreche. Acosta verweist darauf, daß der Barock als ein koloniales Produkt in unsere Gefilde kam, und zwar aus den trockenen Ebenen Kastiliens, die nun wahrlich nichts üppiges haben.

Die lateinamerikanische Literatur ist barock, so sagt man uns, weil sie die Sprache des Urwalds spricht - als ob die Sprache des Urwalds die einzig mögliche wäre in einer Region mit großen Städten, weiten Wüsten, Steppen, Kordilleren und Pampas, und als ob es tatsächlich „eine" Sprache des Urwalds gäbe. Sprachen die Entrechteten in den Erzählungen des Horacio Quiroga etwa nicht die Sprache des Urwalds am Alto Paraná ? Und die stilisierten -aber keineswegs barokken- Masken, die in den Dörfern des afrikanischen Urwalds geschaffen wurden ?

Das mit dem barocken Stil ist ein Klischee, so falsch wie jedes Klischee. Es bezieht sich auf die verschwenderische Sprache, und es entspricht dem weit verbreiteten Gedanken, ein lateinamerikanischer Roman müsse sich, um gut zu sein, über viele Seiten ausbreiten und vieler Wörter bedienen. Ein solch willkürliches Merkmal würde aber aus der lateinamerikanischen Literatur viele ihrer besten Schriftsteller ausschließen, wie zum Beispiel Juan Rulfo, einen Mann schlichter und wortkarger Prosa: das Gesamtwerk Rulfos, eines der besten Erzähler der Welt, umfaßt weniger als dreihundert Seiten.

Ein anderer großer Romancier Lateinamerikas, Alejo Carpentier, benutzt den Ausdruck „barock" in einem Sinne, der überhaupt nichts gemein hat mit dem überladenen, leeren und hochtrabenden Diskurs anderer Schriftsteller. Für Carpentier entstammt das Barokke der Vermischung der verschiedenen Stile und Kulturen, die in unseren Ländern „die wunderbare Wirklichkeit" hervorbrachte, und dieser Barock hat einen originären und vitalen Sinn, der in keiner Weise etwas mit dem kolonialen Blick zu tun hat, der uns von außen in eine exotische Landschaft versteinert und in Bilder für den Export. Im Werk von Carpentier wird der Stil, den er barock nennt, benutzt, um die Wirklichkeit zu benennen und neu zu entdecken; bei anderen dagegen, wie bei Severo Sarduy, verhüllt das Barocke. Wenn man Carpentier, Lezama Lima, Guimaraes Rosa oder Jorge

Enrique Adoum liest, bekommt man den Eindruck und die Gewißheit, daß die Komplexität des Stiles genau der Komplexitität der
Welt, die sie ausdrückt, entspricht: „dies" kann nicht auf andere
Weise gesagt werden. Zahlreich sind die umgekehrten Fälle, in
denen die Komplexität des Stiles, arm an Bildern, aber anspruchs-
voll in den Arabesken, die Panik vor der Genauigkeit versteckt:
wenn der Diskurs nackt bliebe, würde er seine unvermeidliche
Stupidität offenbaren.

Die Fatalisten des Stils wollen uns davon überzeugen, daß der
barocke Stil „die" Sprache Lateinamerikas sei, als ob es nur eine
einzig mögliche Sprache gäbe für eine Welt, die so viele Welten
umschließt. Eigentlich beanspruchen sie nur eine hohe ästhetische
Kategorie für die Langeweile ihrer Werke, ganz in der Tradition des
pompösen Stils der Schriftgelehrten. Dieser Wortschwall steht nicht
im Dienste des Lebens, sondern des Systems - er verleiht ihm die
nötigen Masken. Wohl deswegen ist die Literatur umso prunkvoll
und überwältigender, desto ärmer das Land ist, als ob der minderen
Zahl von Kalorien auf dem Speiseplan des Volkes eine umso höhere
Anzahl von Wörtern in den Werken jener Intellektuellen entsprechen müsse, die mit dem Rücken zur Realität stehen.

9. Die politische Literatur behandelt politische Themen; die soziale Literatur behandelt soziale Themen.

Gibt es denn überhaupt ein literarisches Werk, das nicht politisch
und sozial ist ? Sozial ist ein jedes, denn es gehört zur menschlichen
Gesellschaft; und auch politisch, nämlich in dem Maße, in dem das
gedruckte Wort immer auch Beteiligung am öffentlichen Leben
bedeutet - ob der Autor es nun will oder nicht, es weiß oder nicht.

Die geschriebene Botschaft „wählt", schon weil sie existiert: indem sie sich an andere richtet, nimmt sie unweigerlich einen Raum
ein und ergreift Partei in den Beziehungen zwischen der Gesellschaft und der Macht. Ihr Inhalt, befreiend oder entfremdend, wird
in keinem Falle vom Thema bestimmt. Die politischste Literatur,
oder die den politischen Prozessen des Wandels am stärksten ver-
bundene, kann gerade jene sein, die es am wenigsten nötig hat, die
Politik *zu benennen*, ebenso wie die nackte soziale Gewalt sich
nicht unbedingt mit Bomben und Kugeln Ausdruck verschafft.

Häufig erzielen die -mit den revolutionärsten Vorsätzen geschriebenen- Bücher, Artikel, Lieder und Manifeste über „politische und soziale Themen" eben nicht eine mit den guten Absichten vergleichbare Wirkung. Manchmal geben sie, ohne es zu wollen, dem System recht, das sie sich vorgenommen hatten, herauszufordern. Jene, die sich an das Volk richten, als sei es begriffsstutzig und bar jeglicher Phantasie, bestätigen das Bild, das die Unterdrücker vom Volke haben; sie segnen das System, das sie vorgeben zu bekämpfen, wenn sie eine Sprache langweiliger und vorgefertigter Phrasen benutzen und eindimensionale Figuren schaffen - Figuren aus Pappe, ohne Ängste, ohne Zweifel und ohne Widersprüche, die ganz mechanisch die Befehle des Autors einer Erzählung oder eines Romans ausführen. Ist das System nicht etwa auf das Zerlegen spezialisiert ? Eine Literatur, die die Seele reduziert, anstatt sie zu erweitern, so kämpferisch sie sich auch nennen mag, dient einer sozialen Ordnung, die jeden Tag die Vielfalt und den Reichtum der Menschheit beschneidet und verkürzt. In anderen, ebenso häufigen Fällen scheitert der Versuch der Kommunikation und des Austauschs von vornherein, wenn er sich von vornherein an ein überzeugtes Publikum richtet, in der Sprache der Eingeweihten, die dieses Publikum zu hören erwartet: So revolutionär sie sich auch geben mag, bleibt diese risikolose Literatur doch konformistisch. Sie erzeugt Müdigkeit, obwohl sie Begeisterung wecken will. Sie gibt vor, sich an die Massen zu richten, unterhält sich aber mit dem Spiegel.

Die Literatur kann, so glaube ich, einen politisch befreienden Sinn beanspruchen, wenn sie dazu beiträgt, die Realität in ihren vielfachen Dimensionen aufzudecken, und wenn sie auf irgendeine Weise die kollektive Identität nährt oder das Andenken der Gemeinschaft rettet, der sie entspringt - ganz gleichgültig, welches Thema behandelt wird. So kann, von diesem Standpunkt aus gesehen, ein Liebesgedicht politisch fruchtbarer sein als ein Roman über die Ausbeutung der Bergarbeiter in den Zinn-Minen oder der Arbeiter auf den Bananenplantagen.

Es ließen sich hierfür unzählige Beispiele in der anspruchsvollsten Literatur Lateinamerikas finden. In einer kürzlich erschienenen Arbeit sagt Pedro Orgambide, daß er die Vermutung hege, der „Canto General" von Pablo Neruda sei in den vermeintlich unpolitischen

Passagen des Textes besonders politisch. Mir scheint, daß dieser Verdacht wohlbegründet ist. Die Gedichte Nerudas haben eine größere Kraft und sind politisch tiefgründiger in „Höhen des Machu Pichu" als auf jenen Seiten, die der Verurteilung einiger Diktatoren oder der Freveltaten der United Fruit Company gewidmet sind. Ich meine, das Buch „Weekend in Guatemala" von Miguel Angel Asturias - geschrieben inmitten der aufschäumenden Wut gegen die Invasion und das Massaker von 1954- ist, von all' seinen Werken das mit dem offensichtlichsten politischen Inhalt, aber zugleich das mit der geringsten politischen Wirkung. Ich teile nicht die - fast einhellige - Meinung, „Das Buch von Manuel" sei das engagierteste Werk Julio Cortázars, ebenso wie mir „Der Herbst des Patriarchen" von Gabriel García Márquez im politischen Sinne nicht so reichhaltig erscheint wie „Hundert Jahre Einsamkeit", auch wenn in diesem großen Roman die politische Anklage nicht im Vordergrund steht.

10. Die Literatur kann bestenfalls die Wirklichkeit interpretieren; aber sie ist nicht in der Lage, sie zu verändern.

Indem sie die Realität interpretiert, sie wiederentdeckt, kann die Literatur dazu beitragen, diese besser zu kennen. Und man muß sie kennen, um sie zu verändern: Es hat keinen einzigen Fall sozialen und politischen Wandels gegeben, der sich nicht aus einer bewußten Ergründung der Realtität entwickelt hätte.

Die Werke der „Fiction", wie man sie nennt, erschließen einem für gewöhnlich viel besser die verborgenen Dimensionen der Wirklichkeit als die der „No-Fiction". In einem berühmten Brief schrieb Engels, daß er von den Romanen von Balzac's mehr gelernt habe, über gewisse Aspekte der Ökonomie, als von all' den Büchern der Wirtschaftsgelehrten seiner Zeit. Keine soziologische Studie kann uns mehr über die Gewalt in Kolumbien sagen als der kurze Roman „Der Oberst hat niemand, der ihm schreibt" von García Márquez, in dem, soweit ich mich erinnere, nicht ein einziger Schuß fällt; oder auch „Die Stadt und die Hunde" von Mario Vargas Llosa, das die Gewalt in Peru besser durchleuchtet als jede andere Abhandlung über dieses Thema. Das beste Werk politischer Ökonomie im Argentinien des letzten Jahrhunderts ist ein Gedicht über einen widerborstigen Gaucho namens Martín Fierro. Die Romane und Erzählungen von José María Arguedas legen beredtes Zeugnis von der Zerschlagung der indigenen Kulturen Lateinamerikas ab. Der Roman von Augusto Roa Bastos, „Ich, der Allmächtige", eröffnet einen viel größeren Zugang zu der Geschichte Paraguays zu Zeiten von Gaspar Rodríguez de Francia als jedes Geschichtsbuch. Die derzeitige Zersetzung Uruguays wurde mit meisterlicher Hand von Juan Carlos Onetti in „Die Werft" vorausgeahnt. Gibt es einen besseren Schlüssel als die Bücher von Asturias, um in Guatemala einzutreten ? Ist es nicht der Hauch von Leben und Tod des heutigen Argentiniens, der mit Sanftmut und Wut die Gedichte von Juan Gelman beflügelt ? Und El Salvador und Nicaragua, diese kleinen tapferen Länder - sprechen sie nicht aus dem Munde eines Roque Dalton und eines Ernesto Cardenal ?

Die Wirklichkeit zu enthüllen heißt nicht, sie zu kopieren. Sie zu kopieren würde bedeuten, sie zu verraten, besonders in Ländern wie den unsrigen, wo die Wirklichkeit von einem System maskiert wird, das zum Lügen zwingt, um zu überleben, und das tagtäglich verbietet, die Dinge bei ihrem Namen zu nennen. Nur jene befruchten die Wirklichkeit, die fähig sind, in sie einzudringen. Pablo Picassos „Guernica" bietet unseren Augen mehr Wirklichkeit an als alle Fotos über die Bombardierung der kleinen baskischen Stadt. Eine phantastische Erzählung kann die Wirklichkeit besser wiedergeben als eine naturalistische, die nur dem treu bleibt, was die Realität zu sein scheint. Sehr zutreffend sagte Mario Benedetti in einer kürzlich erschienenen Arbeit, daß eine Erzählung wie „Das gestürmte Haus" von Julio Cortázar, obwohl es eine phantasische Erzählung ist, mit der Wirklichkeit stärker verbunden sei, als die akkurat geführten Inventarlisten so mancher Autoren des *Nouveau Roman* in Frankreich. Mit trefflichen Symbolen gibt „Das gestürmte Haus" das Dünkirchen einer sozialen Klasse wieder, die allmählich von etwas vertrieben wird, dem sich entgegenzustellen sie nicht den Mut besitzt.

Häufig überkommt den mit der revolutionären Sache identifizierten Schriftsteller das schlechte Gewissen: ist die Phantasie nicht vielleicht doch eine feige Flucht, eine Weltlüge ? Er fühlt sich dann, besser gesagt, wir fühlen uns -denn mir passiert es auch oft- des

Schreibens schuldig, des Fliegens schuldig: Wir vergessen manchmal, daß die Hoffnung verdursten würde, wenn sie nicht die Halluzinationen und die Chimären hätten, von denen sich die schöpferische Arbeit des Menschen nährt.

Einem doppelseitigem Spiegel vergleichbar, kann die Literatur das zeigen, was zu sehen ist, und auch, was nicht zu sehen, aber vorhanden ist; und weil es nichts gibt, das nicht auch seine eigene Verleugnung in sich trüge, wirkt die Literatur oft wie eine Rache oder eine Prophezeihung. Die Phantasie eröffnet dem Verständnis der Realität neue Türen und ahnt ihre Veränderung voraus: mit dem Traume nimmt sie die zu erobernde Welt vorweg, wie sie zugleich auch die Regungslosigkeit der bürgerlichen Ordnung herausfordert. Im System des Schweigens und der Angst verstößt die Fähigkeit des Erschaffens und des Erdenkens gegen die Routine des Gehorsams. Diese soziale Ordnung, sagen ihre Herren, ist die natürliche Ordnung: eine stillstehende Welt, sich selbst gleich, von vorne und im Profil, wie auf einem Foto in einer Polizeiakte. Die schöpferische Phantasie enthüllt, daß diese vermeintliche Unsterblichkeit nur vorläufig ist, und daß eine Medaille immer zwei Seiten hat.

Der Wert eines Textes ließe sich sehr wohl an dem messen, was er bei denen auslöst, die ihn lesen. Die besten Bücher, die besten Essays und Artikel, die trefflichsten Gedichte und Lieder können nicht ungestraft gelesen oder gehört werden. Die Literatur, die sich an das Bewußtsein richtet, wirkt auch auf dieses, und wenn sie Absicht, Talent und Glück begleiten, entfesselt sie darin die Vorstellung und Willen nach Veränderung. Die Wahrheit aufzudecken bedeutet in der sozialen Struktur der Lüge, sie anzuklagen; und noch weiter kommen wir, wenn sich der Leser durch die Lektüre verändert. Ein Buch verändert nicht die Welt, sagt man, und das stimmt. Aber: was kann schon die Welt verändern? Ein schneller oder ein langsamer Prozeß, je nachdem, immer in Bewegung und in tausend Dimensionen zugleich: eine dieser Dimensionen, und nicht die unwichtigste, ist das geschriebene Wort. Jedwede Literatur abzulehnen, die nicht notwendig sei, wäre ein ebenso großer Fehler wie die Verachtung jener Formen literarischen Ausdrucks, die die Grenzen des Buches sprengen oder die nicht auf den Altaren der akademischen Literatur abgesegnet sind.

Haroldo Conti, ein argentinischer Erzähler, den ich in Buenos

Aires näher kennenlernte, wurde in seinen letzten Lebensjahren von dem Verdacht geplagt, seine Literatur sei politisch unbrauchbar. Er war ein Mann revolutionärer politischer Gedanken, und er fürchtete, er schreibe perfekt harmlose Erzählungen und Romane, weil sie keine ausdrückliche Verurteilung enthielten. In langen Nächten des Weins und der Zigaretten, auf einer Insel im Tigre-Delta, sprachen wir über dieses Thema; und ich habe es nie geschafft, ihm zu erklären, daß seine Arbeit einen zutiefst vitalen, erneuernden und befreienden Sinn hat. Er war - oder ist vielleicht - ein bescheidener Zauberer, dazu fähig, uns Geschichten von vollendeter Schönheit zu erzählen. Wie bei jeder guten Literatur, erzählen seine Texte das Leben und lassen es geschehen. Für einen Augenblick entreißen sie uns der Zeit, um uns verbessert zurückzugeben. Indem sie erzählen, was wir sind, helfen sie uns, zu sein - denn wie soll ein Volk aktiv in die Geschichte eingreifen, Geschichte machen statt sie zu erdulden, wenn es seine Identität nicht kennt ?

Danach, gegen Ende April 1976, wurde Haroldo entführt. Irgendjemand hat ihn noch einmal in einer Kaserne gesehen, von der Folter entstellt; und dann hat man nie wieder etwas von ihm erfahren. Wie so viele tausende von Argentiniern, Chilenen, Guatemalteken und Uruguayern, hat ihn die Erde verschluckt. Die argentinischen Zeitungen haben nicht eine einzige Zeile über das Verschwinden eines der besten Schriftsteller des Landes geschrieben; und er, der ein inquisitorisches Bewußtsein hatte, verlor sich im Terror und im Nebel, von der Frage geplagt, ob sein literarisches Werk seinem politischen Willen konsequent genug entspreche. In diesem Sinne war Haroldo ein Opfer des Schematismus, der auf der einen Seite die Literatur als göttliche Botschaft feiert und sie auf der anderen Seite als ungefährlichen Zeitvertreib abtut.

Ich habe nach den Worten gesucht und habe sie nicht gefunden. Ich wollte ihm helfen an das zu glauben, was er machte, und habe es nicht geschafft. Ich wollte ihm sagen, daß, wenn man die kleinen Feuer der Identität, der Erinnerung und der Hoffnung anzündet, ein Werk wie seines zu den Kräften des Wandels gehört -in einem System, das dazu organisiert wurde, unsere Gesichter zu verwischen, die Seelen zu zersetzen und der Erinnerung zu entleeren- und daß also seine Worte Schutz böten für viele, die schutzlos im Freien stehen.

Weil ich wollen wollte und nicht können konnte, wie Zitarrosa in einem wunderschönen Lied sagt, schreibe ich jetzt diese Seiten, in einer Art von Buße und aus Überzeugung.

(1980)

DAS EXIL:
ZWISCHEN NOSTALGIE UND KREATIVER ARBEIT

1.

Identitätskrise, Entwurzelungsängste, Gespenster, die einen verfolgen und anklagen: das Exil wirft Zweifel und Probleme auf, die nicht unbedingt jene kennen, die *freiwillig* in der Fremde leben. Der Entwurzelte *kann nicht* ins eigene Land zurückkehren, oder in das Land, das er als sein eigenes gewählt hat. Wird jemand in ein fremdes Land geworfen, ist seine Seele allen Unbilden des Lebens ausgeliefert, und die bisher üblichen Lebensumstände, Bezug und Schutz zugleich, gehen verloren. *Die Entfernung wächst, wenn sie nicht zu überwinden ist.*

2.

Uns Schriftstellern beweist die Verbannung aufs Neue, daß die Literatur nicht unschuldig ist. Die meisten Schriftsteller aus Chile, Argentinien und Uruguay, wir, die in den letzten Jahren gezwungen waren, ins Exil zu gehen, bezahlen nun dafür, daß wir das Recht des freien Wortes praktizierten. Die Diktaturen des Südens haben, wie wir wissen, eine Maschinerie des Schweigens aufgebaut. Sie wollen die Wirklichkeit verschleiern, die Erinnerung löschen und das Gewissen entleeren: Von dem Gesichtspunkt der kollektiven Kastration ausgehend, tun die Diktaturen sehr wohl daran, die nach Schwefel stinkenden Bücher und Zeitschriften in das Feuer zu werfen und die Autoren zum Exil, zum Kerker oder zum Grab zu verurteilen. *Es gibt Literaturformen, die unvereinbar sind mit der militärischen Pädagogik der Amnesie und der Lüge.*

3.

Aber bitte, man täusche sich nicht: Es handelt sich hierbei nicht um einen berufsbedingten Fluch. Nicht nur einige Schriftsteller sind die Opfer des Verbotes und der Verfolgung des freien Wortes geworden. Die Diktaturen sorgen nur dafür, den grundlegenden Widerspruch offenzulegen, den es in Lateinamerika zwischen der Freiheit des Handels und der Freiheit der Menschen gibt. Wer ist nicht mundtot gemacht worden? Derjenige, der die Befehle erteilt. Es werden Bücher verboten, ebenso wie Versammlungen: Gibt es denn überhaupt noch eine Kommunikations- oder Versammlungsform, die nicht potentiell gefährlich wäre ?

Ein Beispiel aus Argentinien, das mir sehr aufschlußreich erscheint: ein Dekret verbietet jegliche Reportage über die „Meinung auf der Strasse" oder die Veröffentlichung sogenannter „nicht-spezialisierter Äußerungen".

Der Doktrin der Nationalen Sicherheit zufolge ist das Volk der Feind.

4.

Das Exil ist auch nicht das dramatische Privileg einiger Intellektueller und politischer Aktivisten. Ich denke da zum Beispiel an die vielen uruguayischen Emigranten, die von der Wirtschaftskrise des letzten Jahrzehnts ins Ausland geworfen wurden. Die vorsichtigsten Schätzungen besagen, daß mehr als eine halbe Million Uruguayer gezwungen wurden, unter einem anderen Himmel ihr täglich Brot zu verdienen, das ihnen ihr eigenes Land verwehrte, welches pardoxerweise fruchtbar und menschenleer ist. Auch sie leben im Exil, auch sie erleiden eine nicht gewollte Situation; und sicherlich ist das Exil kein mit Rosen übersäter Pfad, wenn man sich den Arm auskugeln muß, um in Ländern zu arbeiten, die eine andere Geschichte und eine andere Art zu sprechen und zu leben haben.

Die allgemeine Situation verstellt nicht den Blick für das einzelne Schicksal. Ersteres hilft nur, das zweite besser zu verstehen. *Im Exil leben Schriftsteller, aber auch Maurer, Dreher und Schlosser.*

5.

Der Preis, den man bezahlt, ist ja nicht allzu hoch, wenn man es sich so betrachtet. Und besonders wenn man es mit dem Schicksal vergleicht, das einige Freunde in unseren Ländern erlitten haben. Um das Exil der Schriftsteller weniger dramatisch zu sehen, brauchen wir nur an einige Beispiele aus Argentinien und Uruguay zu erinnern, die mich innerlich gezeichnet haben: der Dichter Paco Urondo, von Gewehrkugeln niedergestreckt; die Erzähler Haroldo Conti und Rodolfo Walsh und der Journalist Julio Castro, verloren-

gegangen in den unheilvollen Tiefen der Entführungen; der Drama-
turg Mauricio Rosencof, von der Folter gezeichnet und hinter Gittern
verfaulend.

Und im allerbesten Fall, wenn einer der Folter, dem Gefängnis
oder dem Friedhof entkommen könnte, welches wäre die Alternative zum Exil, wenigstens heute am Río de la Plata ? *Um zu überleben, müßten wir uns in Stumme verwandeln, in Verbannte im eigenen Land, und dieses innere Exil ist immer härter und nutzloser
als irgendein Exil im Ausland.*

6.

Dabei haben wir noch gar nicht vom anderen Exil gesprochen,
unsichtbar, aber vielleicht schwerwiegender, zu dem wir Schriftsteller in fast ganz Lateinamerika verurteilt sind. Ich meine damit, daß
wir gegenüber den großen nationalen Mehrheiten immer im Exil
leben werden, solange die wirtschaftlichen und sozialen Strukturen,
die den Zugang zu dem gedruckten Wort versperren oder erschwe-
ren, nicht grundlegend verändert werden. *Auch wenn wir die volle
Meinungsfreiheit in unseren Ländern genössen, so schrieben wir
zwar für alle, würden aber nur von einer gebildeten Minderheit
gelesen, die die Bücher bezahlen kann.*

7.

Soweit ich das bisher gesehen und erörtert habe, und aus eigener
Erfahrung, glaube ich, daß man zu oft Verwurzelung mit Geographie verwechselt.

Die nationale Identität wäre sehr brüchig, wenn schon allein die
physische Trennung sie zerbrechen könnte. Die lateinamerika-
nischsten Romane dieser letzten Zeit wurden außerhalb unserer
Welt geschrieben. Und schließlich kenne ich mehr als einen Schriftsteller, der in Montevideo oder Buenos Aires geboren wurde und
am Río de la Plata lebt, und der doch Franzose sein oder scheinen
will. Sie leben von den letzten literarischen Moden, die aus Europa
dorthin ankommen, verspätet, ja sogar vorgestrig. Sie gehen auf die
Wirklichkeit in Argentinien und Uruguay nur von oben und auf
Distanz ein, als müßten sie sie dafür entschuldigen, daß sie so fremd
und „so weit weg von allem" sei. Im Gegensatz dazu leben und
arbeiten im mythologischen Paris, das so verführerisch und berau-

41

schend zum Blödeln einlädt, viele lateinamerikanische Künstler, die nicht unbedingt ihre Identität verlieren oder verwischen. In Paris schreibt Julio Cortázar eine sehr argentinische Literatur, Pedro Figari malte vor Jahren die uruguayischsten Bilder aller Zeiten, und César Vallejo, der ein Viertel seines Lebens in Paris verbrachte, hat nie aufgehört, ein peruanischer Dichter zu sein.

Wo immer ich auch bin, weiß ich doch, zu welcher Heimat ich gehöre, denn ich trage sie mit mir herum, ich laufe mit ihr herum, ich bin die Heimat.

8.

Ich schließe die Ohren und sage mir: „Es gibt nichts, was es wert wäre, gehört zu werden." Ich verschließe die Augen und folgere daraus: „Es gibt nichts, was es wert wäre, gesehen zu werden."

Man ist weit weg von seiner Heimat und seinen Leuten. Ja, schon; aber es tauchen andere Länder, andere Menschen auf, neue Quellen, aus denen zu trinken, ein neues Publikum, mit dem zu reden ist. Jedes Bewußtsein, das von der Gleichgültigkeit und dem egoistischen Defätismus ergriffen wird, ist ein Sieg der Feinde. Wiederholt denn etwa dieser Feind nicht Tag und Nacht, daß die Diktaturen im Namen ihrer Opfer handeln? Daß die Unterdrückten ihr Schicksal verdient hätten, und daß das Unheil ihr gerechter Lohn sei? Welche andere Option böten wir denn mit unserem Geheule und Gejammere?

Keinesfalls verletzt mich die neue Realität, so wie ich sie im Exil vorfinde, sie kann mich im Gegenteil sogar bereichern, das heißt auch die Meinigen bereichern. Auch wenn ich mich nicht in dieser Realität wiedererkenne, auch wenn ich mich weiterhin darin fremd fühle, so kann ich sie doch ohne Angst betreten. Ohne Zweifel bedeutet für die Schriftsteller die Erfahrung des Exils, daß sie auch die Sprache in Frage stellen müssen. Und nicht nur die Sprache: wir werden - gezwungenermaßen - in vielerlei Hinsicht „neu geboren", um den kreativen Dialog möglich zu machen. Erweitert uns das Exil nicht auch gleichzeitig die potentiellen Freiräume für Kommunikation und Austausch? *So schwer diese Herausforderung auch sein mag, bestätigt sie uns nicht auch, daß wir lebendig sind und daß das lebendige Wort weiter frei ist, daß keine Zollstelle es aufhalten und kein Käfig es einsperren kann?*

9.

Keine Diktatur fällt, wenn sie nicht gestoßen wird; und die entscheidenden Schläge werden ihr nicht vom Ausland aus versetzt. *Aber auf tausend und eine Weise können wir helfen, in unserer einsamen und solidarischen Arbeit, das zu verurteilen, was geschieht, an das zu erinnern, was geschah, und jenes zu fördern, das geschehen wird, wenn diese bösen Winde enden.*

10.

Ich sehe mich im Spiegel und sehe einen strahlenden Gott. Und ich sage mir: „Was wäre die Welt ohne mich? Wir Schriftsteller sind das Salz der Erde". Es kommen dann schlimme Zeiten, und im Exil erblicke ich mich im Spiegel und sehe mich so, wie ich bin, nackt, nur eine kleine Person, und sage mir dann: „Schreiben hat keinen Sinn; ich werde unschuldig bestraft; der Schriftsteller ist kein Mann der Aktion". Perfekte Symmetrie der Arroganz und der Reue, die extremen Gegensätze derselben Realitätsverleugnung: der Schriftsteller, der sich als Auserwählter fühlt, kann in jedem Moment zu dem Schluß kommen, daß die Welt es nicht wert sei, gerettet zu werden. Es ist nur ein Schritt von der pedantischen Weltbeglückung zu der breiigen Suppe des Selbstmitleids. Wenig oder gar nichts trennt die „Ernüchterung" von der literarischen Schöpfung, die glaubt, anderen einen Gefallen zu tun. In diesem Sinne erleiden einige Schriftsteller im Exil eine Krise, die sehr stark dem ähnelt, was bei einigen Aktivisten der selbsternannten politischen Avantgarde abläuft. Wenn die Wirklichkeit sich nicht in dem Rhythmus ändert, den ich wünsche, dann warte ich eben nicht: ab heute „übergehe" ich die Politik. Die „Volksmassen" verwandeln sich plötzlich in jenes „Scheißvolk", das nicht den von den Intellektuellen vorgezeichneten Weg beschreitet. *Wenn die Welt mir nicht ähnelt, dann hat sie mich auch nicht verdient: das Exil zieht einen nackt aus und macht den Widerspruch deutlich zwischen der Bedeutung, die sich der Intellektuelle gerne zuschreibt, und dem tatsächlichen Maß seiner Wirkung auf die Realität.*

11.

Das Exil birgt in sich die Gefahr des Vergessens. Aber gelegentlich stellt mir die Erinnerung, die sich mit mir verändert, einige Fallen auf. Ist es nicht bequem, in die Vergangenheit zu flüchten, wenn die Wirklichkeit mich ängstigt oder wütend macht, weil sie nicht meinen Wünschen entspricht ? Flüchte ich in die Vergangenheit, wie sie wirklich war, oder in eine, die ich mir, ohne es zu wissen, nach meinen derzeitigen Bedürfnissen erfinde ? Die lebendige Gegenwart windet und dreht sich. Die stillstehende Vergangenheit ist gefügiger, widerspricht mir weniger, und in dieser Tüte kann ich das finden, was ich hineingegeben habe. Es kommt vor, daß das Vergessen sich verkleidet als eine Huldigung der Erinnerung. Das Alibi der Angst: mich in der Nostalgie zu versteinern, kann eine Art Verleugnung sein, nicht nur der Wirklichkeit, die ich im Exil erleben muß, nicht nur der derzeitigen Realität meines Landes, sondern auch eine Verleugnung der Wirklichkeit meiner vergangenen Erfahrung.

Paradoxerweise jedoch ermöglicht das Exil eine zeitliche und räumliche Distanz, die sehr nützlich sein kann, um die wahrhaftige Dimension jeder Sache wiederzufinden, die Proportion des einzelnen in den anderen, als kleines Teil dieser anderen, und der Aufgabe eines Schriftstellers in dem großen Gesamtwerk, an dem er teilnimmt. *Ohne Größenwahn oder Demut müssen wir die Augen offenhalten: um dabei helfen zu können, die Wirklichkeit zu verändern, muß man damit anfangen, sie zu erkennen.*

12.

In einer kürzlich erschienenen Arbeit hat Angel Rama die Fruchtbarkeit des Exils bei einigen brasilianischen Intellektuellen, nach dem Statsstreich von 1964, hervorgehoben. Mario Pedroza in Chile, Ferreira Gullar in Argentinien, Darcy Ribeiro in Uruguay und Francisco Juliao in Mexiko sind, wie Rama behauptet, nicht nur Botschafter der -im spanischen Amerika unbekannten- brasilianischen Kultur geworden, sondern sie konnten ihrerseits auch Nutzen ziehen aus dem Kontakt mit den -in Brasilien unbekannten- hispanoamerikanischen Kulturen. Das Exil hat diesen Austausch in einem Maße gefördert, wie er unter „normalen" Umständen kaum wahrscheinlich gewesen wäre, wo doch das „Normale" in Lateinamerika eben die wechselseitige Ignoranz ist.

Es läßt sich wohl sagen, daß lateinamerikanische Schriftsteller bedeutend schlechter dran sind, wenn sie ihr Exil fern unserer großen Heimat leben - in Ländern, in denen andere Sprachen gesprochen werden, und in überindustrialisierten Gesellschaften, die wenig oder nichts mit den unsrigen gemein haben. Dennoch glaube ich, daß auch dort die positiven Beispiele sich vermehren könnten. Die aus Lateinamerika Verbannten, die in den letzten Jahren nach Europa gekommen sind, haben zumindest zu einem realistischeren gegenseitigen Verständnis beigetragen, das allmählich über die simple Folklore, die touristischen Verblendungen und die Demagogie hinausgeht. Außerdem hat man mit Hilfe der wechselseitigen Anklagen und der Polemik eine „totalisierende" Vision der eigenen Realität ermöglicht. Im Zeitalter der multinationalen Firmen, in der Autos und Ideologien für die gesamte Welt produziert werden, kann das streitbare Aufeinanderstoßen gegensätzlicher Realitäten besser die Widersprüche unserer einzigen Welt beleuchten. Einer Welt, zu der ebenso die Armenviertel in der Peripherie wie auch die reichen Zentren gehören, einer Welt, in der die Freiheit und der Wohlstand einiger weniger Länder nicht schuldlos sind an der Armut und der Unterdrückung vieler anderer.

Das Exil, als erzwungener Kontakt zu fremden Realitäten, nährt nicht nur durch die Offenbarung von Identitäten, die den Menschen universeller machen: ich nähre mich von dem, was ich auswähle und auch von jenem, das ich ablehne. Die Stimmen der Metropolen-Kultur sagen uns sehr viel aus ihrer langen Tradition heraus; aber *auch* die Anzeichen ihrer Erschöpfung sind aufschlußreich. Wir müssen noch sehr viel von den Gesellschaften mit hohem Lebensstandard lernen, aber sie lehren uns *auch*, daß beispielsweise der wirtschaftliche Fortschritt nie zum Selbstzweck werden darf, daß er nicht immer die Menschen freier und glücklicher macht, und daß er manchmal, in allerletzter Konsequenz, die Menschen in den Dienst der Sachen stellt.

So erweitere ich mein Blickfeld und so finde ich einige Schlüssel zur Kreativität und zur Orientierung, die mir früher oder später von einigem Nutzen sein können, wenn die Stunde der Rückkehr geschlagen hat und wir die Erde wieder bearbeiten müssen, die die Diktaturen niederbrennen. Das Exil, das immer aus einer Niederlage geboren wird, verschafft einem nicht nur schmerzliche Erfahrungen. Es verschließt einige Türen, aber es öffnet andere. Es ist eine Strafe, und zugleich eine Freiheit und eine Verantwortung. Es hat ein schwarzes Gesicht und es hat ein rotes Gesicht.   (1979)

DIE DIKTATUR UND DANACH:
DIE HEIMLICHEN WUNDEN

Die Symbole

Viel Asche ist auf die purpurrote Erde niedergegangen. Während der zwölf Jahre der Diktatur war Libertad, die Freiheit, nichts weiter als der Name eines Platzes und eines Gefängnisses. In diesem Gefängnis, dem größten Käfig für politische Gefangene, war es verboten, schwangere Frauen zu zeichnen oder Liebespärchen, Vögel, Schmetterlinge und Sterne; und die Gefangenen durften nicht ohne Genehmigung sprechen, pfeifen, lächeln, singen, schnell laufen oder einen Mitgefangenen begrüßen. Eigentlich waren sie alle gefangen, außer den Gefängnisknechten und den Verbannten: drei Millionen Gefangene, auch wenn nur einige tausend gefangen schienen. Jedem achtzigsten Uruguayer haben sie eine Kapuze aufgesetzt; aber unsichtbare Kapuzen trugen auch die restlichen Uruguayer, zur Isolation und zur Sprachlosigkeit verurteilt, auch wenn sie sich vor der Folter retten konnten. Die Angst und das Schweigen wurden zur zwingenden Lebensart. Die Diktatur, als Feindin alles dessen, was wächst oder sich bewegt, hat das Gras auf allen Plätzen, die es nur finden konnte, mit Zement bedeckt, und alle Bäume, die sie in Schußweite fand, beschnitten und weiß angestrichen.

Das Modell

Mit kleinen Varianten wurde in den siebziger Jahren ein ähnliches System der Repression und Vorbeugung in verschiedenen Ländern Lateinamerikas gegen die Kräfte des sozialen Wandels angewandt. Die panamerikanische Doktrin der Nationalen Sicherheit anwendend, verhielten sich die Militärs wie Besatzungstruppen in ihrem eigenen Land, gewissermaßen als bewaffneter Arm des Internationalen Währungsfonds und des Privilegien-Systems, das der IWF zum Ausdruck bringt und verewigt. Die Bedrohung durch die Guerrilla diente als Vorwand für den Staatsterror, der die Räder seines Getriebes in Bewegung setzte, um die Arbeiterlöhne auf die

Hälfte zu reduzieren, die Gewerkschaftsorganisationen zu zerschlagen und die kritischen Stimmen verstummen zu lassen. Mit der massiven Verbreitung des Terrors und des Mißtrauens wollte man eine Ordnung der Taubstummen errichten. In dem Computer des Gemeinsamen Generalstabes der Streitkräfte wurden wir als uruguayische Bürger alle nach den drei Kategorien A, B und C klassifiziert - je nach Grad der Gefährlichkeit aus der Perspektive des geplanten Königreiches der militärisch Keimfreien. Man konnte keine Arbeit erhalten oder behalten, ohne dieses „Zeugnis Demokratischer Überzeugung", das der Computer ausstellte und die Polizei aushändigte - jene Polizei, die in den Fortbildungskursen des Dan Mitrione, des US-amerikanischen Schulmeisters für Foltertechniken, auf Demokratie spezialisiert wurde. Sogar um einen Geburtstag zu feiern, war eine polizeiliche Genehmigung erforderlich. Jedes Haus war eine Zelle; jede Fabrik verwandelte sich in ein Konzentrationslager, ebenso jedes Büro und jede Fakultät.

Die Aggression
Die Diktatur hat das Erziehungssystem zerstört und an dessen Stelle ein System der Ignoranz gesetzt. Mit dem brutalen Austausch von Lehrern und Programmen wurde das Ziel verfolgt, die Schüler zu domestizieren und sie einerseits zur Kasernenhof-Moral zu zwingen, die den Sex *hygienische Lösung* oder *eheliche Pflicht* nennt, und andererseits zu einer mumifizierten Kultur, die als *naturgegeben* das Eigentumsrecht auf Sachen und Menschen ansieht, sowie die Gehorsamspflicht der Frau gegenüber dem Mann, des Sohnes gegenüber dem Vater, des Armen gegenüber dem Reichen, des Schwarzen gegenüber dem Weißen und des Zivilen gegenüber dem Militär.

Es wurde der Befehl erteilt, dem Land die Hände und die Wörter zu entreißen. All' jenes, das die Uruguayer untereinander durch Solidarität und Kreativität verband, war strafbar; Konspiration war all' das, was die Menschen mit der Welt verband; und subversiv war jedes Wort, das nicht log. Es wurde derjenige bestraft, der sich beteiligte, der politisch oder gewerkschaftlich aktiv war, aber *auch* jener, der diesen nicht denunzierte. Jedweder Kommentar konnte als ehrverletzend für die Streitkräfte betrachtet werden und dementsprechend drei bis sechs Jahre Gefängnis und manchmal tödliche

Prügel bedeuten. Man ist sogar so weit gegangen, die Presse aus den Diktaturen Brasiliens und Argentiniens -Nachbarn und Kollegen doch immerhin- zu zensieren, weil sie zu viel sagte. Es war verboten, die Wirklichkeit beim Namen zu nennen, die gegenwärtige und die vergangene. Es wurde die generelle Ausradierung der kollektiven Erinnerung verordnet: letztendlich könnten ja unsere Nationalhelden José Artigas und José Pedro Varela, der Bronze ihrer eigenen Statuen entflohen, unserer ratlosen Jugend gefährliche Antworten auf folgende Fragen geben: *Wo kommt meine Heimat her? Wer bin ich? Mit wem bin ich?*

Die Antwort

Und dennoch hat die uruguayische Kultur einen Weg gefunden, um weiter atmen zu können, innerhalb und außerhalb des Landes. In ihrer ganzen Geschichte hat sie kein größeres Lob erhalten als die grausame Verfolgung, die sie in diesen Jahren erlitt. Die uruguayische Kultur lebte weiter, und sie war fähig, auf die Maschinerie des Schweigens und des Todes lebendige Antworten zu geben. Sie atmete weiter in jenen, die blieben, und in jenen anderen, die wir gehen mußten, in den Worten, die von Hand zu Hand, von Mund zu Mund gingen, verheimlicht oder verboten, versteckt oder verkleidet; in den Schauspielern, die Wahrheiten von heute mit Hilfe des griechischen Theaters sagten, in jenen, die gezwungen waren, wie Schausteller durch die Welt zu pilgern; in den entwurzelten Bänkelsängern und in jenen, die im Land herausfordernd weitersangen; in den Wissenschaftlern und den Künstlern, die nicht ihre Seelen verkauften; in den frechen Karnevalsumzügen und den Zeitschriften, die starben und wiederauferstanden; in den geschriebenen Hilfeschreien auf den Straßen und in den im Gefängnis auf Zigarettenpapier geschriebenen Gedichten.

Wenn wir aber unter Kultur eine Form des Lebens und der Kommunikation verstehen, wenn die Kultur die Summe der Symbole einer kollektiven Identität ist, die sich im täglichen Leben verwirklicht, dann hat sich der Widerstand nicht auf diese Zeichen beschränkt, sondern er war sogar noch breiter und tiefer.

Obdulio Varela, ein berühmter Fußballspieler und einer, der sehr gut das Land und seine Leute kennt, zog in den letzten Tagen der Diktatur eine bittere Bilanz: *Wir sind Egoisten geworden,* sagte Obdulio Anfang 1985. *Wir erkennen uns nicht mehr in den anderen wieder. Die Demokratie wird schwierig werden.*

Und dennoch hatte das uruguayische Volk es verstanden, solidarische Antworten auf das System der Bindungslosigkeit zu geben. Es gab unzählige Mittel und Wege, sich zusammenzufinden, um das Wenige, das Nichts zu teilen - Mittel, die eben auch ein Teil, ein herausragender Teil des kulturellen Widerstands Uruguays in jenen Jahren waren, Mittel, die sich besonders in den ärmsten Schichten der Arbeiterklasse vermehrten. Ich beziehe mich nicht nur auf die großen Straßendemonstrationen, sondern auch auf solche unspektakulären Aktionen wie die Volksküchen, die Bildung von Baugenossenschaften und andere Taten voller Imagination und Mut, die bewiesen haben, daß die solidarische Energie in dem Maße wächst, wie das Einkommensniveau sinkt. Oder, um es mit der berühmten Gaucho-Figur Martín Fierro zu sagen: Das Feuer, das wirklich wärmt, kommt von unten.

Die Schäden

Es gibt keine Statistiken über die Seele. Es gibt keine Möglichkeit, die Tiefe der kulturellen Wunden zu messen. Wir können wissen, daß Uruguay Schuhe in die USA exportiert und daß wir Uruguayer dennoch heute fünfmal weniger Schuhe kaufen als noch vor zwanzig Jahren; aber wir können nicht erfahren, wie tief sie uns im Inneren vergiftet haben, wie weit unser Gewissen, unsere Identität und die Erinnerung amputiert wurden.

Es gibt natürlich einige Tatsachen, die offen zutage liegen. Es sind Fakten, die ausgelöst wurden von einer Diktatur und einer Wirtschaftspolitik, in deren Diensten die Diktatur stand, welche dafür Uruguay in eine Folterkammer verwandelt hat. Zum Beispiel: Es gibt Bücher, die uns helfen, uns zu kennen und wiederzuerkennen, und die zur Wiedereroberung der Kultur unseres Landes beitragen könnten - aber wenn der Preis eines einzigen dieser Bücher einem Siebtel oder einem Achtel des Monatslohns vieler Uruguayer entspricht, dann *wirkt die Zensur des Preises ebenso effizient wie früher die Zensur der Polizei.* Die Auflagen der uruguayischen Bücher sind um das fünf- oder sechsfache zurückgegangen; die Menschen lesen nicht etwa deshalb nicht, weil sie nicht wollten, sondern weil sie es sich nicht leisten können.

Eine andere dieser Tatsachen ist die Unmöglichkeit, das Exil rückgängig zu machen. Es gibt keinen größeren Schaden als jenen, der schon seit Jahren durch den Abgang menschlicher Ressourcen entsteht und den die Diktatur noch um etliches verstärkt hat. Von denen, die ins Exil gegangen sind, weil sie, wie jener Kommissar sagte, *ideologische Ideen* hatten, konnten nur einige zurückkehren. Ich sage einige; mitnichten alle. In Uruguay gibt es keine Arbeit; und wenn es welche gibt, dann reicht der Lohn nicht zum Leben. Wieviele können wohl zurückkehren, von den Hunderttausenden, die das System dazu verurteilt hat, gestern wie heute, ihr täglich Brot außerhalb der Grenzen ihres Landes zu suchen ? *Das an Sterilität leidende System praktiziert eine verwunderliche Alchimie: es verwandelt die Faktoren des Fortschritts in einen nationalen Fluch.* Das hohe kulturelle Niveau der uruguayischen Arbeiter, das ein entscheidender Entwicklungsfaktor sein könnte und müßte, richtet sich gegen das Land in dem Maße, wie es die Auswanderung der Bevölkerung begünstigt. Wir haben jetzt eine Demokratie, eine Zivilregierung anstatt einer Militärdiktatur; aber das System ist das gleiche, und die Wirtschaftspolitik hat sich im wesentlichen nicht geändert.

Die Freiheit des Handels als Feindin der Freiheit des einzelnen Menschen, Anmaßung des Reichtums, Usurpation des Lebens: diese Wirtschaftspolitik hat ganz offensichtlich kulturelle Auswirkungen. *Die Begünstigung des Konsums, des verschwenderischen Konsumismus, der während der Diktatur bis zum Paroxysmus getrieben wurde, drückt sich nicht nur in einer um das Sechsfache angestiegenen Auslandsschuld aus: Dieser Konsum hat sich auch für die kreativen Kräfte als tödlich erwiesen. Die Aufforderung zur Spekulation raubt uns nicht nur den materiellen Reichtum: sie entleert auch unsere moralischen, mithin kulturellen Werte, weil das Produktive an Prestige, an Wert verliert - und außerdem bestätigt es uns den alten Tango, der sagt, daß jeder ein Dummkopf ist, der sich abschuftet.*

Und außerdem: Die Lawine ausländischer Waren, die die nationale Industrie zerstört und die Löhne minimiert hat, sowie die Ausrichtung der Wirtschaft auf den internationalen Markt und der Verzicht auf den Binnenmarkt, *begründen eine kulturelle Selbstverachtung:* das Land spuckt auf sein Spiegelbild und macht sich die Ideologie der Ohnmacht zu eigen: - *Entschuldigen Sie, das ist na-*

tional - sagte mir ein Händler, der mir eine Fleischkonserve verkaufte, einen Tag nach meiner Rückkehr. Ich gebe es zu, dies hatte ich nach zwölf Jahren Exil nicht erwartet. Und als ich es meinen Freunden erzählte, schoben sie die Schuld auf *den Prozeß*. Und ich hatte auch nicht erwartet, daß die Diktatur sich Prozeß nenne. *Die Sprache litt, und sie leidet vielleicht noch heute, an Angst;* vergessen war die gute alte Sitte, die Dinge immer bei ihrem Namen zu nennen.

Die Aufgabe

Unser befreites Land ist verletzt, aber es lebt. Seine Seele konnte von den zwölf Jahren der Diktatur nicht zerfressen werden, einer Diktatur, die es zwang, zu schweigen, zu lügen und zu mißtrauen: *Sie haben es nicht geschafft, uns in ihresgleichen zu verwandeln,* sagte mir ein Freund nach diesen Jahren des Terrors; daran glaube ich.

Aber die Angst überlebt, verkleidet sich als Umsicht. Vorsicht, vorsichtig: die zerbrechliche Demokratie geht kaputt, wenn sie sich bewegt. Jedes schöpferische Wagnis wird als terroristische Provokation angesehen - von jenen, die Eigentümer eines Systems sind, das Schrecken verbreitet, um sich zu verewigen. Eine verantwortungsvolle Regierung bleibt regungslos: ihre Aufgabe besteht darin, den Großgrundbesitz und die Repressionsmaschinerie unangetastet zu lassen, die Verbrechen der Diktatur zu vergessen und pünktlich die Zinsen der Auslandsschuld zu überweisen. Die Militärs haben das Land in Trümmern hinterlassen, und in Trümmern leben wir immer noch. Auf dem Lande, in den Dörfern, gehen die Alten die Blumen gießen, zwischen den Gräbern.

Und die Jugend? Das Projekt kollektiver Kastration wurde hauptsächlich gegen sie durchgeführt. Die Diktatur versuchte, den Jugendlichen das Gewissen und alles sonstige auszulöschen. Gegen sie, hauptsächlich gegen sie arbeitet dieses System, das ihnen die Arbeit verweigert und sie zum Auswandern nötigt. Werden diese Jugendlichen einfallsreich genug sein, werden sie dem System, das sie verleugnet, frech antworten und gegen es kämpfen? Wird die Jugend rechtzeitig erkennen, daß das Land nicht in Lähmung erstarren darf, wenn es demokratisch bleiben soll? Oder werden diese Jugendlichen ihre Jugend bereuen und den Gespenstern folgen, die panische Angst vor den Winden der Freiheit haben? Werden sie mit fatalistischer Ergebenheit ein Schicksal von Sterilität und Einsamkeit akzeptieren, das diese Gespenster dem Land aufdrängen wollen ? Oder werden sie handeln, um das Land mit Enthusiasmus und bewundernswerter Verrücktheit zu verändern, auch wenn sie sich dabei verirren ? Wird das Land eine Quelle des Lebens sein oder ein Elefantenfriedhof ?

(1986)

DIE NOCH AUSSTEHENDE ENTDECKUNG AMERIKAS

I. IHR DASEIN: EIN VERBRECHEN

Vier Jahre waren vergangen, seitdem Christoph Kolumbus zum ersten Mal die Küsten Amerikas betreten hatte, als sein Bruder Bartholomäus in Haiti den „quemadero" einweihte, den Scheiterplatz. Sechs Indianer, wegen Gotteslästerung verurteilt, brannten auf dem Scheiterhaufen: Die Indianer hatten das Sakrileg begangen, die Heiligenbildchen von Jesus Christus und der Heiligen Jungfrau in der Erde zu vergraben. Aber sie hatten sie vergraben, damit diese neuen Götter die Mais-Aussaat fruchtbarer werden ließen, und sie hatten nicht die geringste Ahnung, sich damit einer tödlichen Beleidigung schuldig zu machen.

Entdecken oder verdecken ?

Es ist schon gesagt worden, daß 1492 Amerika besetzt und nicht entdeckt wurde, weil schon tausende Jahre zuvor die Ureinwohner das Land entdeckt hatten, das sie bewohnten. Aber außerdem ließe sich auch behaupten, daß Amerika 1492 nicht entdeckt wurde, weil diejenigen, die es eroberten, es nicht *zu sehen* wußten oder vermochten.

Gesehen hat es Gonzalo Guerrero, der eroberte Eroberer, und weil er Amerika sah, starb er eines gewaltsamen Todes. Gesehen haben es auch einige Propheten, wie Bartolomé de Las Casas, Vasco de Quiroga oder Bernardino de Sahagún, und weil sie Amerika gesehen hatten, liebten sie es und wurden zur Einsamkeit verdammt. Aber Amerika wurde nicht gesehen von den Kriegern und Pfaffen, den Notaren und Krämern, die auf der Suche nach raschem Reichtum waren und die ihre Religion und ihre Kultur als einzige und obligatorische Wahrheit durchgesetzt haben. Das Christentum, aus der Mitte der Unterdrückten eines Imperiums entstanden, war zum Unterdrückungsinstrument in den Händen eines anderen Im-

54

periums geworden, das stürmenden Schrittes in die Geschichte eintrat. Es gab keine anderen Religionen, es durfte sie nicht geben, nur Aberglauben und Götzendienerei; jede andere Kultur war schlichte Ignoranz. Gott und der Mensch lebten in Europa; in der Neuen Welt hausten die Dämonen und die Affen. Am „Tag der Rasse", dem 12. Oktober 1492, begann eine Epoche des Rassismus, unter dem Amerika heute immer noch leidet.

Kein imperiales Vorhaben, weder die früheren noch die heutigen, kann entdecken. Das Abenteuer der Usurpation und der Plünderung entdeckt nicht: es verdeckt. Es deckt nicht auf: es versteckt. Um voranzukommen, braucht es ideologische Vorwände, die Willkür in Recht verwandeln.

In einer jüngst erschienenen Arbeit machte Miguel Rojas-Mix deutlich, daß Atahualpa von Pizarro wegen seiner *Andersartigkeit* verurteilt wurde - Atahualpas Dasein war schlichtweg ein Verbrechen. Die Gier nach Gold und Silber brauchte eine Maske, um sich zu verstecken; weshalb Atahualpa wegen Götzenanbetung, Polygamie und Inzest angeklagt wurde, was eigentlich bedeutete, ihn wegen der Ausübung einer *anderen* Kultur zu verurteilen.

Von Angesicht zu Angesicht

Die spanische Eroberung wiederholte in Amerika, was im Spanien jener Jahre geschehen war und weiterhin geschah. Im Jahr 1562 verbrannte der Pfarrer Diego de Landa die Kodizes der Mayas auf einem riesigen Scheiterhaufen in Yucatán. 1499 wurden in Granada jene islamischen Bücher zu Asche, die der Bischof Cisneros in die Flammen geworfen hatte. Das Spanien, das Amerika eroberte, war nicht die Einheit seiner Regionen, sondern es erlitt gerade die grausamste Verstümmelung seiner Geschichte: das katholische Spanien setzte sich als das einzige Spanien durch und zerstörte dabei, mit Feuer und Schwert, das muselmanische Spanien und das jüdische Spanien. Die Intoleranz und die Latifundien, die Inquisition und die Lehnsherrschaft besiegelten das Ende des vielfältigen und allen Strömungen des Fortschritts offenen Spanien - des Spanien, das hätte sein können, aber nicht wurde.

Der Zwangschristianisierung folgte einige Zeit später, unter der

Dynastie der Bourbonen, die Zwangshispanisierung. Der kastilische Zentralismus erreichte, den nationalen und kulturellen Pluralismus Spaniens verleugnend, seinen Höhepunkt unter der Diktatur Francos.

Erst jetzt, nach Jahrhunderten der Verfolgung, entdeckt Spanien sich selbst, wiederentdeckt es sich. Mit neuen Augen fängt Spanien an, da die Demokratie erwacht, sich in seiner eigenen Vielfalt *zu sehen*; und es fängt an, in dieser seine wirkliche Identität zu erkennen. Es ist eine Identität voller Widersprüche, weil sie lebendig ist und in Gegensätzen zum Ausdruck kommt. Nation vieler Nationen, eine Vielzahl von Völkern und Ideen, von Kulturen und Sprachen, entfaltet Spanien die fruchtbare Pluralität, die es so einzigartig macht. In diesem Prozeß -diesem schwierigen, bedrohlichen und bedrohten Prozeß- beanspruchen und erkennen Kastilier, Katalanen, Andalusier, Basken und Galicier ihr eigenes Profil in der Gemeinsamkeit.

Wenn es *sich sieht*, kann Spanien auch *uns sehen*. Von Angesicht zu Angesicht. Nicht von unten, wie noch immer einige Spanier zum Rest Europas und nach Nordamerika aufblicken. Und auch nicht von oben, wie noch immer einige Spanier auf die lateinamerikanischen Länder und die sonstigen sogenannten ,,Drittwelt"-Länder herabschauen. Von unten gesehen, erscheinen alle als Riesen. Von oben aus betrachtet, erscheinen sie alle als Zwerge. Von Angesicht zu Angesicht, das ist die wahrhaftige Entdeckung.

II. DIE VERWÜNSCHTEN ECKEN

Letztes Jahr in Barcelona, in einer schönen und schmerzenden Rede, sagte Tomás Borge: ,,Kolumbus hat Amerika erraten, aber Europa hat es bis heute noch nicht entdeckt."

Tomás Borge, Mitgründer der Sandinistischen Front und führendes Mitglied der nicaraguanischen Revolution, war wenige Tage zuvor nach Spanien gekommen. Er war gekommen, um den übermächtigen Rabauken anzuklagen, der sein kleines Land bedrängt, aber seit seiner Ankunft konnte er nichts anderes machen, als sich selbst zu verteidigen. Kaum dem Flugzeug entstiegen, brach das

Unwetter über ihn herein: die Zeitungen, Rundfunkstationen und Fernsehkanäle waren mit der Behauptung angetreten, Nicaragua trage die Schuld für den Terrorismus im Baskenland. Niemand legte einen Beweis vor, noch wird dies je geschehen; aber die *gut unterrichteten Kreise* wußten, daß Nicaragua die ETA-Terroristen trainierte und schützte.

Ein Thema für Freud ?

Kaum verwunderlich, daß man diese billige ETA-Story zum Hausgebrauch in Spanien fabrizierte, und daß die reaktionärsten Massenmedien sie mit Enthusiasmus verbreitet hatten. Dagegen war es auf erstaunliche Weise aufschlußreich und schmerzlich, daß viele demokratische und progressive Medien dieser Schweinerei solch ein großes Echo verschafften.

Warum verhält sich die Madre Patria, das Mutterland, nicht solidarischer mit ihren unglückseligen Töchtern, wenn diesen die Stunde des Wandels schlägt ? Auffallend ist das wankelmütige, manchmal intolerante und sogar willkürliche Verhalten vieler Politiker und demokratischer Intellektueller, in Spanien und in ganz Europa, im Zusammenhang mit den revolutionären Prozessen Lateinamerikas. Im Falle Spaniens schmerzt es am meisten, aus Gründen, die der Verstand weiß und die die Seele noch besser kennt; und weil die gemeinsame Geschichte letzten Endes eine geteilte Verantwortung mit sich bringt. Nur um ein Beispiel zu nennen, könnten wir die Probleme der Homosexuellen in Kuba erwähnen, ein Lieblingsthema der spanischen Presse. Die Homosexualität war in präkolumbischen Zeiten frei, in der ganzen Karibik; und es ist nicht abwegig zu vermuten, daß die Vorurteile der Kubaner gegenüber der Homosexualität nicht von den sowjetischen Beratern stammen, sondern von den Konquistadoren, die am Anfang des XVI. Jahrhunderts homosexuelle Indios den Hunden zum Fraß vorwarfen. Ebenso könnte man die offensichtliche Tatsache unterstreichen, daß die Armut und die Gewalt vieler Länder Lateinamerikas nicht Bestandteil ihrer exotischen Natur sind, sondern ihre Wurzeln in der Geschichte haben: Wurzeln, die bis in die Zeiten reichen, als das koloniale Amerika in den Dienst der europäischen Kapitalakkumulation gestellt wurde.

Die Achtung vor dem Unterschied

Ebensowenig trägt zur notwendigen *Entdeckung* Amerikas die leichtfertige Anwendung von europäischen Etiketten auf Prozesse bei, die in anderen Wirklichkeiten ablaufen. Die Realität Lateinamerikas ist eine *andere* Realität. Spanien ist eine ihrer historischen und kulturellen Mütter, entscheidend für jene von uns, die Spanisch sprechen, aber es ist nicht die einzige Mutter; und von Spanien, von Europa aus ist es nicht immer möglich, sich eine klare Vorstellung zu machen von den tragischen Nöten, die unsere Heimat erleidet.

Bringt Lateinamerika nur ein Echo hervor, lediglich Kopien? Das glauben wohl jene, die den Peronismus auf einen Faschismus mit Tango-Rhythmus verkürzen und die kubanische Revolution schlicht als einen Stalinismus unter Palmen disqualifizieren. Und die Geschichtsbetrachter, immer dazu bereit, sich von der Geschichte betrogen zu fühlen, reden schon von Nicaragua, als sei Nicaragua nichts anderes als die letzte Ballerina, die sich dem großen Bolschoi-Ballett angeschlossen habe.

Nicaragua, ein sehr armes Land, will erwachen. Und ein viel mächtigeres Imperium als das von Karl V. will mit Feuer und Schwert verhindern, daß Nicaragua erwacht. Und will es dazu zwingen, sich in eine Kaserne zu verwandeln, eine Kaserne voller Hungernder, auf daß die Welt auf's Neue bestätigt bekomme, daß die armen Länder nur dazu fähig seien, eine Diktatur durch die andere zu ersetzen. Auf diesem kleinen Flecken der großen spanischsprachigen Gemeinschaft wird eine entscheidende Frage geklärt: Ist die Demokratie ein Luxus, nur für die reichen Länder bestimmt? Ist die Demokratie ein Teil der Beute, die diese reichen Länder mit Hilfe der internationalen Piraterie erzielen? Frißt die Demokratie auch Elend?

Die lateinamerikanischen Länder, die zu den Vororten des kapitalistischen Systems gehören, liegen in der verwünschten Ecke. Das Veto der Mächtigen -der im Inneren und der von außen- verhindert die notwendigen und tiefen Veränderungen, die unerläßlich sind, damit die Demokratie nicht nur eine zerbrechliche Maske, sondern ein wahrhaftiges Gesicht bekommt. Dagegen wird Spanien -ein Teil Europas, zwar rückständiges Europa, aber immerhin Europa, das einen ziemlich hohen Grad kapitalistischer Entwicklung erreicht

hat- nicht vom internationalen Markt gewürgt und nicht von Gläubigerbanken belagert. In diesen letzten Jahren hat sich in Spanien
ein demokratischer Prozeß mit breitem nationalen Konsens eta-
bliert, der schon vor den Meutereien aus den Kasernen gefeit zu sein
scheint, innerhalb der kapitalistischen Ordnung einer freien Marktwirtschaft.

Dieser Prozeß stimuliert uns sehr. Aber auch wenn wir ihn kopieren wollten, wir könnten es nicht.

III. DIE ZWEI HISPANITÄTEN

Die Lateinamerikaner meiner Generation wurden geboren, als sich
die Diktatur Franços über den Trümmern der Republik erhob, und
wir haben von Kind an die Lieder der Besiegten gelernt. Wir emp-
fanden und empfinden als eigene jene republikanischen Lieder, und
wir sangen sie lauthals - während sie in Spanien die Überlebenden,
im erzwungenen Schweigen, nur leise summen konnten.

Die Schriftsteller meiner Generation wurden für immer geprägt
durch unsere frühe Lektüre von Antonio Machado, Pedro Salinas,
León Felipe, Miguel Hernández, Lorca, Alberti und anderen schöpferischen Dichtern, in Spanien verboten oder von der Zensur entstellt. Wir haben den Vorzug genossen, das Wort jener exilierten
oder ermordeten Schöpfer zu erben, lange bevor ihre Stimmen in
Spanien voll erklingen konnten.

Rückwärtsgewandt

Diese Lieder und Gedichte sind für Lateinamerika noch immer ein
Symbol, eine Art, die Hispanität zu verstehen und zu erleben, die
nichts mit jener rhetorischen und düsteren *Hispanität* zu tun hat,
die den Feinden der Demokratie als treues Schlachtroß gedient hat.
Die eine *Hispanität* zum Beispiel erkennt sich wieder in Pater Luis
de León; die andere dagegen in den Inquisitoren, die ihn verurteilten, weil er das Hohelied Salomos in die Sprache Kastiliens über-
trug.

Diese zweite *Hispanität* diente als Schild und Vorwand für die reaktionärsten Sektoren der spanischen Gesellschaft und der latein-amerikanischen Gesellschaften, die rückwärtsgewandt in die Geschichte eintreten wollen - als ob die Lösung für die Probleme des XX. Jahrhunderts in der Rückkehr zum XVI. Jahrhundert zu finden sei. Es ist jene *Hispanität* der imperialen Nostalgie, auf die sich die Inquisitoren unserer Zeit noch häufig berufen. In ihrem Namen sind die Kräfte des Wandels verurteilt und bestraft worden, weil ihnen der Schwefelgeruch anhaftete und sie einen Schwanz trugen; und in ihrem Namen ist das Blut der Gerechten geflossen. Es gibt noch jene, die den Heerscharen nachtrauern, die in Spanien und in Amerika eine einzige Religion, eine einzige Kultur, eine einzige Sprache und eine einzige Wahrheit durchgesetzt haben; und messianische Schwerter erheben sich immer wieder, um die Heldentat der Erlösung zu wiederholen.

Der Schlächter der Dominikanischen Republik, Rafael Leónidas Trujillo, der sich als Cid Campeador verkleidete, wenn er für Statuen posierte, erhielt vor einigen Jahren den Großen Orden am Bande „Isabel la Católica", weil er ein Meister dieser Hispanität war, jener *Hispanität* im Kreuzzug gegen den atheistischen Kommunismus. Und kürzlich noch zwang die uruguayische Diktatur den Studenten neue und offizielle Texte zur „Moralischen und Bürger-Erziehung" auf, die gewisse, vom Geiste Francisco Francos geprägte Apophtegmen der Hispanität wiedergaben. Da liest man zum Beispiel: „ Das Vaterland ist eine Schicksalsgemeinschaft im Universellen, und jedes Individuum erfüllt eine bestimmte Mission in der Harmonie des Staates. Das Vaterland ist Ordnung ...". Diese reaktionären Katechismen einer Diktatur, die sich schon dem Ende zuneigt, versuchten vergeblich die Studenten davon zu überzeugen, daß Gehorsam und Arbeit die Aufgaben des Volkes seien, und daß die Gleichberechtigung der Frau nur „ihre sexuellen Neigungen und ihre Intellektualität fördert, zum Nachteil ihrer Mission als Mutter und Ehefrau."

Nach vorne gewandt

Die andere *Hispanität*, jene der demokratischen Schützengräben, der verfolgten Dichter, kann nun im heutigen Spanien neue Wege der Erfüllung finden.

Diese neuen Wege nehmen das Erbe von Gonzalo Guerrero auf, der auf Seiten der Indios kämpfend starb, und nicht das Erbe eines Hernán Cortés. Die neuen Wege kommen von Bartolomé de Las Casas, einem Fanatiker der Menschenwürde, und nicht von Juan Ginés de Sepúlveda, dem Ideologen eines rassistischen Humanismus. Sie berufen sich auf das Erbe der Gemeinschaften von Vasco de Quiroga, der daran glaubte, daß Amerika das Land der Utopie sei, und sie erinnern nicht an die neunmalklugen Hofschranzen, die sich über ihn lustig machten. Und sie folgen dem Weg von Bernardino de Sahagún, dem Mann, der ein halbes Jahrhundert seines Lebens der Suche nach den verlorenen, von der Eroberung niedergeschlagenen Stimmen Amerikas gewidmet hat, anstatt sich auf den Pfaden des unheilvollen Königs Philipp II. zu verlieren, der die Bücher Sahagúns vergrub, weil sie im Verdacht standen, dem Götzendienst zu huldigen.

Diese andere *Hispanität* kann unermeßlich große Freiräume öffnen - für das Aufeinanderzugehen, für die Entdeckung und Wiederentdeckung zwischen Spanien und Amerika, damit beide gemeinsam sprechen und vorangehen.

Abschied

Ich habe in Spanien acht Jahre des Exils gelebt. Als wäre ich ein Spanier, habe ich die demokratische Wiederauferstehung miterlebt und diese wunderbare Luft der Freiheit genossen, die nun in diesem Mutterland unserer Vaterländer geatmet werden kann. Als Lateinamerikaner habe ich die Solidarität vieler Spanier für Lateinamerika begrüßt, jener, die unseren Kontinent ohne Spinnweben vor den Augen *sehen*, und ich habe die Gleichgültigkeit, die Ambivalenz und die Verachtung beklagt, die oft verhinderten, daß jene Solidarität sich in ihrer ganzen Vielfalt ausbreiten konnte.

Jetzt, da mein Exil zuende geht, schreibe ich Spanien diese Zeilen des Abschieds, um auch auf meine Art ganz ehrlich zu sagen: Danke.

(1984)

VON DER NOTWENDIGKEIT, AUGEN AM HINTERKOPF ZU HABEN

Anfang dieses Jahres veröffentlichte ich einen Artikel, der eine Flut wütender Antworten in Madrid, Buenos Aires und Montevideo auslöste. Der Artikel bezog sich auf die Zwangsjacken, die in Lateinamerika die Demokratien einengen und sie in vielen Fällen zwingen, nichts als *Demokraturen* zu sein: Demokratien, die mit der Hypothek der Diktatur belastet sind; zivile Macht, die von der Macht des Militärs einer Freiheit auf Bewährung unterworfen wird. Damit die Demokratie machtlos bleibt, geben ihr die Herren einiger Länder nichts als Angst zu essen: Angst zum Frühstück, Angst zum Mittagessen, und als Abendbrot - Angst. Die Regierenden regieren, haben aber nichts zu bestimmen. Im Namen des Realismus geben sie sich ohnmächtig; sie überleben um den Preis des Stillstands. In meinem Artikel, in dem ich Uruguay und Guatemala als Beispiele in den Mittelpunkt stellte, zeigte ich, daß die neuen Präsidenten, die nach langen und grausamen Militärdiktaturen in die Regierungspaläste gelangten, ihre Eintrittserlaubnis von den Generälen und Großgrundbesitzern -den Herren des Krieges und des Landes- aufgrund eines Gehorsamsgelöbnisses erhalten haben.

Der Artikel beschäftigte sich auch mit dem Fall Argentinien. Unter allen kürzlich geborenen oder wiedergeborenen Demokratien in Lateinamerika ist die argentinische Demokratie die einzige gewesen, die nicht allen Henkern des Staatsterrorismus Straffreiheit gewährte. Unter der Regierung Alfonsíns haben zivile Richter Prozesse geführt und Strafen verhängt gegen einige der Urheber der systematischsten Greuel, die in unserem an Greueln so reichen Jahrhundert begangen wurden. Diese Urteile waren vor allem deshalb möglich, weil das Ansehen der Militärs nach der Niederlage im Malwinen-Krieg seinen Tiefpunkt erreicht hatte. Das Malwinen-Desaster hatte die Offiziere entlarvt, nur dazu zu taugen, Landsleute zu töten, nur brauchbar im Inneren, aber völlig unbrauchbar gegen die Feinde von außen zu sein - gerade gut genug, um Präsidenten zu stürzen,

Arbeiter zu ermorden, inhaftierte Frauen zu vergewaltigen, Kinder zu rauben und Kapitulationen zu unterzeichnen.

Keine zivile Regierung in der ganzen Geschichte Lateinamerikas hatte eine günstigere Lage vorgefunden; aber der Gerechtigkeitswille des Präsidenten Alfonsín reichte nicht weit und kam schon nach kurzer Wegstrecke zu seinem Schlußpunkt. Das Unrecht hingegen hat seinen Schlußpunkt noch nicht erreicht. In Argentinien wie in Uruguay ist die Wirtschaftspolitik, welche die Militärdiktatur erst möglich und notwendig machte, fast die gleiche geblieben. Sie dient einem imperialen System, das dir leiht, was es dir zuvor gestohlen hat, und das dich mit deinem eigenen Strick erwürgt. Diese Wirtschaftspolitik beschneidet die Gehälter und belohnt die Spekulation, konzentriert den Reichtum und zwingt die Arbeiter, sich in Ameisen zu verwandeln.

Der Artikel machte darauf aufmerksam, daß gemäß der neuen imperialen Formel die Militärs ihren Platz nicht mehr auf dem Thron, sondern hinter ihm haben. Angesichts des unvermeidlichen Untergangs der Militärregimes in Lateinamerika läßt die neue Formel zivile Präsidenten zu und fördert sie, behandelt sie aber wie Geiseln der Militärstrukturen und des Wirtschaftssystems, über dessen Wohlergehen wiederum die Militärstrukturen wachen. Damit die Demokratie in der Lage ist, die Realität zu verändern und Geschichte zu machen, muß man sie aus ihrem Käfig befreien.

Die zahllosen und entrüsteten Antworten auf den Artikel, die nicht widerlegten, was ich gesagt hatte, sondern nur widerlegten, was ich nicht gesagt hatte, waren besonders aufschlußreich hinsichtlich der Modernisierung der Hexenjagd. Die Schutzengel des Systems haben die Methoden des ideologischen Terrorismus bereichert. Bei Fällen von Abweichung, einer unverzeihlichen Ketzerei, begnügen sich die Inquisitoren nicht mehr mit der Frage: „Und warum gehen Sie nicht nach Moskau?". In Lateinamerika fragen sie jetzt auch: „Und warum gehen Sie nicht zur Guerrilla in die Berge?". Für das, was ich gesagt habe, wurde ich beschuldigt, die Demokratie zu verachten und blutrünstig zu sein.

Eine aufschlußreiche Reaktion, wie gesagt, denn sie ist Teil eines komplexen Erpressungsmechanismus', der die Demokratie mit dem lähmenden Gas der Angst vergiftet, um zu verhindern, daß sie sich entwickelt und frei atmet. Angst vor der Veränderung, Angst vor wirklicher Veränderung: gewisse Mitglieder der bedauernswerten Spezies reuiger Linker, die ängstlich darauf bedacht sind, ihre eigenen Spuren zu tilgen, arbeiten mit an der massiven Verbreitung der Angst - Schulter an Schulter mit den Vertretern des Stammes der Höhlenbewohner, der traditionellen Rechten, und mit den Bürokraten, die sich ihr Gehalt so oder so verdienen. Die Suche nach Gerechtigkeit verwandelt sich so in eine Ausrede für Verrückte, und der Kampf gegen die Ungerechtigkeit wird zu verantwortungslosem Abenteurertum. Die Angst, die niemals ihren Namen gesteht, nennt sich Realismus, und sie verkleidet sich als Klugheit. Aber jeder, der Augen im Kopf hat, kann sie erkennen. Die Sprache, zum Beispiel, ist verräterisch. Wie sollte die Sprache der Uruguayer nach einer Diktatur, die sie zwölf Jahre lang zwang, zu lügen oder zu schweigen, nicht krank vor Angst sein ? Aber sogar in der Demokratie verewigt die offizielle Sprache die Angst. ,,Die Militärdiktatur hat jeden achtzigsten Uruguayer gefoltert" - das ist etwas anderes als zu sagen: ,,Während des Prozesses hatten einige Bürger illegale Maßnahmen zu erleiden."

Es ist überliefert, daß vor fast 200 Jahren, an jenem Tag, an dem die Unabhängigkeit Ekuadors von der spanischen Kolonialherrschaft erklärt wurde, jemand in Quito an eine Wand schrieb: ,,Letzter Tag des Despotismus und erster Tag desselben". Ist es das ? Handelt es sich jetzt in den Ländern Lateinamerikas, die gerade die Grenze des militärischen Despotismus überschritten haben, um dasselbe ? Unterscheiden sich die Militärdiktaturen in gar nichts von einer zivilen Regierung ? Dergleichen zu behaupten, wäre Unsinn - oder höchstens ein makabrer Scherz. Nein: Die in den letzten Jahren entstandenen oder wiederentstandenen Demokratien sind keinesfalls Diktaturen unter Pseudonym. Zum Beispiel in meinem Land, in Uruguay, sind die Lungen dankbar für die Luft der Freiheit, die sie endlich wieder atmen können.

In den entwickelten kapitalistischen Ländern spiegelt die politische Demokratie mehr oder weniger getreu die wirtschaftliche und gesellschaftliche Realität wider. In den unterentwickelten Ländern zeigt sie die Rückseite der Medaille. Die Demokratie pflegt die Realität zu leugnen: Weit davon entfernt, sie widerzuspiegeln, verbirgt sie sie hinter einer Maske. *Wie in fast ganz Lateinamerika, sind die wirtschaftlichen und gesellschaftlichen Strukturen Uruguays nicht demokratisch, ja schlimmer noch, sie sind antidemokratisch: sie erlösen einige wenige und verdammen alle übrigen.* Die Streitkräfte, die diese Strukturen überwachen und ihre Festschreibung gewährleisten, sind von der Bühne verschwunden, spielen aber hinter den Kulissen weiter mit. Das Unterdrückungssystem, noch immer unangetastet, verschlingt vierzig Prozent des Staatshaushaltes. Die Gewehre sind weiterhin nach innen gerichtet, gemäß der geltenden Doktrin der Nationalen Sicherheit, der zufolge es die Arbeiterklasse ist, von der alle Gefahr ausgeht.

Das System, das Gewalt erzeugt, wie wenn man schwitzt, und das den Staatsterrorismus nach Bedarf praktiziert, benutzt ohne Skrupel die terroristische Gewalt als Vorwand für die eigene unaufhörliche Lüge. Aber begeht derjenige eine terroristische Straftat, der darauf hinweist, daß eine überwachte Demokratie, bar jeder Gerechtigkeit, keine echte Demokratie ist? Ruft derjenige zu Gewalt auf, der offenbart, daß ein Friede ohne Würde zu sehr an einen unterdrückten Krieg erinnert ? Trägt der Spiegel die Schuld für das Gesicht ?

Die Demokratie wird als eine formale Zeremonie verstanden: Kein Akt des Glaubens, sondern das heuchlerische Ritual einer Messe ohne Gott: Dem Volk wird alle fünf Jahre an einem Tag erlaubt, seinen Willen zu äußern, und dann wird dieser Wille ungestraft verraten. In Lateinamerika stimmen Worte und Handeln selten überein. Während des Wahlkampfes im Jahre 1984 versprachen in Uruguay alle Parteien Gerechtigkeit für die während der Militärdiktatur begangenen Verbrechen. Anschließend stimmten dieselben Parteien -außer dem Frente Amplio und noch ein paar weiteren Abgeordneten- für ein Gesetz, das einen Schlußstrich zog und den Neuanfang festlegte. Dieses die Demokratie demütigende Gesetz wurde treffend durch jene Hand charakterisiert, die an eine Wand in Montevideo schrieb: ,,Foltern Sie ruhig, rauben und vergewaltigen Sie. Wenn sie militärisch grüßen, gehen sie straffrei aus."

Das System, ein System der Bindungslosigkeit, Ausdruck einer bürgerlichen Kultur, die zerbricht, was sie berührt, trennt auch die Vergangenheit von der Gegenwart. Man hält uns vor, Augen am Hinterkopf zu haben, weil wir glauben, daß in einer wahren Demokratie alle Bürger vor dem Gesetz gleich sind, ob sie nun eine Uniform tragen oder nicht. Nun gut, ja: *Wir haben Augen auch am Hinterkopf, neben denen, die wir im Gesicht haben, und wir sind*

stolz darauf, denn wir wissen, daß es unverzichtbar ist, zurückzu-
blicken, während man nach vorn schaut, damit man nicht wieder
über die Steine stolpert, über die man schon tausendmal gestolpert
ist, und um nicht in die ewig gleichen Fallen zu tappen. Beweise gibt
es nun wahrlich genug, daß historischer Gedächtnisschwund zur
tragischen Wiederholung der Fehler und der Greuel führt.

Die lateinamerikanische Geschichte ist seit fünf Jahrhunderten eine Geschichte, in der die Wirklichkeit und die Worte nie zueinander gefunden haben. Die Wahrheit der kolonialen Welt Lateinamerikas liegt nicht in den zahlreichen kernigen Westindiengesetzen, sondern im Schafott und im Pranger, die inmitten jeder Plaza Mayor errichtet wurden.

Getreu dem Modediktat, das verlangt, daß man Kleider und Ideen an- und ablegt, maskieren die Herrschenden die Realität mit importierten Masken. Importiertes wird zur Heuchelei: Bolivien hat keine Küsten, aber als Lord Nelson verkleidete Admiräle; Lima kennt keinen Regen, hat aber spitze Regendächer. In Brasilien gab es bis 1922 keine Universität; und die erste Universität entstand nicht etwa, um irgendeinem Bildungsprojekt des Landes zu dienen, sondern um dem König von Belgien den Titel eines Doktors 'Honoris Causa' verleihen zu können. In Managua, einer der heißesten Städte der Welt -zum ständigen Sieden verurteilt-, gibt es Villen mit prächtigen Kaminen; und bei den Festen Somozas schmückten sich die Damen der Gesellschaft mit Pelzen von Silberfüchsen. Der Weihnachtsmann kommt im Hochsommer an den Río de la Plata, aber er kommt im Schlitten, und uns rinnt der Schweiß in Strömen, wenn wir unter einer wattebeschneiten Kiefer Weihnachten feiern, Cidre trinken und uns mit Turrón, Pinienkernen, Haselnüssen, Walnüssen, Mandeln, Rosinen und einem kalorienreichen Bankett vollstopfen, das der Kälte des europäischen Winters angemessen wäre.

Die Demokratie ist durchaus kein künstliches Importprodukt, ihre Wurzeln reichen bis weit hinein in die Geschichte Amerikas. Schließlich wurde die Utopia des Thomas Morus von amerikanischen Gemeinschaften angeregt, denen es über die Jahrhunderte und über die Massaker hinweg, trotz aller Verachtung, wie durch ein Wunder gelang, eine Produktions- und Lebensweise aufrecht zu erhalten, die auf Solidarität, Gleichberechtigung und Zusammenarbeit beruhte. Aber die westliche *Elle der Demokratie* mißt den demokratischen Grad der Länder der sogenannten Dritten Welt an ihrer mehr oder weniger großen Fähigkeit zur Imitation.

Die demokratische Elle wird in den internationalen Zentren der Macht verwahrt, einer Handvoll Länder im Norden der Welt, deren wachsender Reichtum, der zu einem großen Teil der wachsenden Armut aller übrigen entstammt, eine vor allzu großen Erschütterungen gefeite politische Freiheit im Innern möglich macht. *Legt man die demokratische Elle an die unterentwickelten Länder an, so weckt sie in ihnen das Verhalten von Affen und Papageien und zwingt sie, der Form zu huldigen, obwohl diese Huldigung einen Verrat der Inhalte bedeutet.* Dabei fällt kaum ins Gewicht, daß sich in der Karikatur der demokratischen Institutionen der entwickelten Welt die Angst vor einer wirklichen Demokratie verbirgt - dem unverfälschten Ausdruck des Volkswillens. Dabei fällt kaum ins Gewicht, daß fast alle Militärdiktaturen Lateinamerikas im zwangzigsten Jahrhundert diesen Tribut des Lasters an die Tugend gewissenhaft zahlten: Fast alle Diktatoren haben Wahlen abgehalten, haben Parlamente, Richter, Parteien und sogar eine Oppositionspresse finanziert; sie haben einer Tradition ihre Ehrerbietung erwiesen, die der Schale die ganze Bedeutung zumißt und dem Kern überhaupt keine.

So wird Nicaragua überaus wachsam mit der demokratischen Elle gemessen und zurückgewiesen: ein Land, das die Kindersterblichkeit in den Jahren der Revolution um die Hälfte herabgesetzt hat. Und die Elle erkennt auf der anderen Seite zum Beispiel Brasilien an, wo laut UNICEF täglich tausend Kinder an Hunger oder einer heilbaren Krankheit sterben. Ist die Kindersterblichkeit etwa kein soziales Verbrechen und keine Beleidigung der Demokratie? Brasilien, das Land, das als letztes der Welt die Sklaverei abgeschafft hat, praktiziert in großem Umfang eine mit Hungerlöhnen bezahlte Sklaverei. Es versorgt andere Länder mit Lebensmitteln, aber der Hälfte seiner Kinder bleibt weniger als das Notwendigste zum Essen. *Die soziale Diktatur hat die Militärdiktatur überlebt; die Wirtschaft vernichtet mehr Menschen als die Polizei.* Solange diese Realität weiterbesteht und sich sogar noch verschlechtert, wird die Demokratie nichts als eine Show sein, die von einer gebildeten Minderheit innerhalb einer Minderheit inszeniert wird: für sich selbst.

Der Betrug ist gebräuchlich in vielen lateinamerikanischen Ländern. Das Ergebnis der Stimmenauszählung stimmt selten mit dem

Ergebnis der Wahl überein. Aber tiefgreifender und schwerwiegender als der Schwindel mit den Stimmzetteln ist der andere Betrug: der Betrug der Machtstrukturen, welche die menschliche Würde vergewaltigen, sich über das Streben nach politischer Freiheit amüsieren und in Wahrheit alle Rechte verweigern, die das Gesetz buchstäblich gewährt. Die Realität schwitzt Gewalt aus, sichtbare und unsichtbare Gewalt: jene, die mit Kugeln tötet, ohne Prozeß und Urteil, und jene andere, die ohne Prozeß und Urteil Körper mit Hunger tötet und Seelen mit Gift.

Im vergangenen Jahr beging Kolumbien die Hundertjahrfeier der Verabschiedung seiner nationalen Verfassung. In diesen hundert Jahren herrschte fünfzig Jahre lang der Belagerungszustand. Welcher der beiden Jahrestage ist aufschlußreicher für die kolumbianische Realität: das Jahrhundert der Verfassung, eines Werkes gestelzt schreibender und wild abkupfernder Juristen, oder das halbe Jahrhundert Belagerungszustand? Unmittelbar vor dem Verfassungsgeburtstag stürmte das Militär den Justizpalast, und das ungeahndete Verbrechen an den Richtern machte mehr denn je deutlich, in welchem Grade die kolumbianische Demokratie militarisiert ist. Die repräsentative Demokratie der Liberalen und Konservativen verhindert nicht die Verwüstungen durch die strukturelle Gewalt: eines von drei Kindern des ländlichen Kolumbien ist wegen Unterernährung geistig zurückgeblieben, und in Cali und Medellín werden mehr Menschen erschossen als in Beirut. Die in Verbindung mit der Armee stehenden Todesschwadrone töten nicht nur Drogenhändler und Terroristen, aber kein einziges ihrer Mitglieder wurde je verhaftet und vor ein Gericht gestellt, geschweige denn verurteilt.

Ich schreibe diesen Text mitten in einer Kampagne zur Sammlung von Unterschriften zugunsten eines Volksentscheids in Uruguay. Die Kampagne geht gut voran, und alles deutet darauf hin, daß wir bald die notwendige Zahl von Unterschriften zusammenhaben werden, um das „Gesetz des Vergessens" einem Volksentscheid unterwerfen zu können. *Die kürzlich zuendegegangene Militärdiktatur, die jeden Akt menschlicher Solidarität mit Folter, Gefängnis, Verbannung oder Tod bestrafte, hat das Experiment einer Gesellschaft von Taubstummen durchgeführt: Hören und Sprechen verboten. Dieses Experiment schien seine Fortsetzung im kollektiven Gedächtnisverlust der Demokratie zu finden: Erinnern verboten.*

Aber das Volk Uruguays nimmt die Demokratie ernst. So ist jede Unterschrift eine Stärkung: sie bestärkt die Würde, gegen die Angst. Wie der argentinische Staatsanwalt Julio Strassera sagt: „Die Würde gründet sich auf der Erinnerung, nicht auf dem Vergessen." Und die Würde, eine Angelegenheit des gesunden Menschenverstandes, scheint in Uruguay, einem winzigen, friedlichen Land, das das unerträgliche Kreuz eines Wehretats zu tragen hat, der verhältnismäßig höher ist als jene der Vereinigten Staaten oder der Sowjetunion, eine Notwendigkeit zu sein, die ins Auge sticht. Die militärische Hypothek macht das Land bewegungsunfähig und blockiert die Veränderungen, die notwendig sind, damit das Land vorwärts kommt. Uruguay war vor mehr als eineinhalb Jahrhunderten das erste Land in Amerika, das eine Landreform versucht hat. Mit Blut und Feuer hat die Oligarchie damals dieses Land wieder an sich gerissen. Das erste Land. Wird es das letzte sein ? Die uruguayische Wirtschaft ist weiterhin von der Wolle, dem Fleisch und dem Reis abhängig, aber ohne Agrarreform werden die ländlichen Gebiete noch ärmer und entvölkern sich immer mehr, so lange, bis die ganze Landbevölkerung beinahe auf der Tribüne eines Fußballstadions Platz nehmen könnte.

Eine wirkliche Veränderung, eine tiefgreifende Veränderung, setzt die Gründung einer neuen Demokratie voraus, die von der Befreiung dieser gefangenen Demokratie ausgeht. Der Schriftsteller Gabriel García Marquez hat den Ausgang des chilenischen Prozesses, der in der Tragödie von 1973 endete, mit harten Worten beschrieben. Chile hatte eine Zeit erlebt, in der die Demokratie -die Macht des Volkes- und die Souveränität bestätigt und die Produktionsmittel und die nationale Entscheidungsgewalt wiedererlangt worden waren; *aber die demokratischen Institutionen Chiles waren dazu bestimmt, gegen die Demokratie und nicht für sie zu arbeiten.* García Marquez bezog sich auf den Obersten Gerichtshof, der die Mörder freisprach, und auf das Parlament, das sich vor ihnen erniedrigte, und auf die Zeitungen und Parteien, die den Staatsstreich begünstigt haben; er schrieb dazu, daß Salvador Allende „die seltene und tragische Größe" zuteil wurde, „dafür zu sterben, daß er mit der Waffe die anachronistische Vogelscheuche der bürgerlichen Rechte, diese ganze mottenzerfressene Aussteuer eines beschissenen Systems, verteidigte".

Die Erinnerung an das Leid zwingt uns, dafür zu kämpfen, daß die Demokratie eine wirkliche Demokratie werde, in der die Wähler bestimmen, und nicht die ausländischen Banken und die Generäle, und in der die Demokratie kein dekorativer Vorwand bleibt, um alle anderen Rechte dem Recht auf Eigentum zu opfern, und in der nur denen Meinungsfreiheit gewährt wird, die sie bezahlen können. Die Demokratie wird nicht in dem Maße wahrhaftiger, in dem sie den Vorbildern von Westeuropa, Osteuropa oder sonstwo zu ähneln versucht. Sie wird in dem Maße wahrer sein, wie sie den Willen zur Mitarbeit und die kreative, realitätsverändernde Kraft des Volkes freisetzt. *Besser ist nicht der, der am besten nachahmt, nein: besser ist jener, der schöpferisch Neues schaffen kann, und wenn er sich dabei auch irren mag.*

Vor mehr als einem halben Jahrhundert bat ein Schriftsteller der Dominikanischen Republik, Pedro Henríquez Urena, das in den Jahrhunderten vergossesne Blut möge nicht umsonst geflossen sein; er bat, nein er forderte, die amerikanische Tragödie möge fruchtbar sein: „Wenn unser Amerika nur eine Verlängerung Europas wird", sagte Henríquez Urena, „wenn das einzige, das wir bieten, neuer Boden für die Ausbeutung des Menschen durch den Menschen ist, wenn wir uns nicht dazu entschließen, dieses Land zu dem gelobten Land für eine Menschheit zu machen, die müde ist, es in allen Breitengraden zu suchen, *haben wir keine Daseinsberechtigung.* Es wäre besser, unsere Hochebenen und unsere Pampas unbewohnt zu lassen, wenn sie nur dazu dienten, daß sich hier das menschliche Leid vervielfacht: nicht jenes Leid, das niemand je vermeiden kann, das Kind der Liebe und des Todes, sondern das Leid, das Habgier und Hochmut schaffen."

(1987)

SKIZZEN ZU EINEM PORTRÄT: DIE STRUKTUR DER OHNMACHT

„Wir sind für die Demokratie, aber die Demokratie ist nicht für uns", sagte ein Mann aus den Armenvierteln von Buenos Aires kürzlich bei einer Umfrage.

Er ist einer der vielen, die den Tisch der großen Stadt decken, und die selber dazu verurteilt sind, von den Resten zu leben.

Nicht die Armee ist in Lateinamerika der ärgste Feind der Demokratie, auch wenn die Armee alles daran setzt, um als solcher zu erscheinen. Der schlimmste Feind der Demokratie in Lateinamerika ist eine Gesamtstruktur der Ohnmacht, von der Armee bewacht, die aber ihre Wurzeln im Wirtschaftssystem hat. Dieses System ist Bestandteil eines größeren, eines internationalen Machtmechanismus'. Einer der Bestandteile dieser umfassenden und komplizierten Maschinerie ist die demokratische Elle, die in jedem Land den mehr oder minder starken Grad an Demokratisierung mißt. Im allgemeinen sind es die Massenmedien, die die Weltmeinung fabrizieren, welche die Ergebnisse dieses kleinen Meßinstrumentes veröffentlichen und sie so zu unanfechtbaren Urteilen des Okzidents machen.

Aber die Wahrheit der demokratischen Elle, die Wahrheit des Systems, kann sich als Lüge für die Opfer des Systems entpuppen. Ich glaube nicht, daß die acht Millionen verlassenen Kinder, die durch die Straßen der größten brasilianischen Städte vagabundieren, an die Demokratie glauben. Ich glaube nicht, daß sie daran glauben, denn die Demokratie glaubt nicht an sie. Sie haben keine Demokratie, an die sie glauben könnten: die brasilianische Demokratie ist nicht für sie gemacht worden, und sie funktioniert ja auch nicht für sie, obwohl sie einige der formellen Voraussetzungen erfüllt, die die demokratische Elle verlangt, um ihr Einverständnis zu erteilen.

Die Demokratie ist nicht, was sie ist, sondern wie sie erscheint. Wir leben inmitten einer Verpackungskultur. Diese Verpackungskultur verachtet den Inhalt. Entscheidend ist das Gesagte, nicht das Gemachte. In Brasilien gibt es keine Todesstrafe, und es wird sie nach der neuen Verfassung auch nicht geben, aber ständig wird die Todesstrafe angewandt: jeden Tag werden tausend Kinder durch Hunger getötet und wer weiß wie viele Männer in den gewalttätigen Vororten ihrer Städte und auf den von verzweifelten Landarbeitern besetzten Latifundien erschossen. Es wird behauptet, daß es die Sklaverei seit einem Jahrhundert nicht mehr gebe, aber ein Drittel der brasilianischen Arbeiter verdient wenig mehr als einen US-Dollar jeden Tag, und die soziale Pyramide ist weiß an ihrer Spitze und schwarz an ihrer Basis: die Reichsten sind die weißesten und die Ärmsten die schwärzesten. Vier Jahre nach Abschaffung der Sklaverei, etwa um 1892, ließ die brasilianische Regierung alle Dokumente über die Buchhaltung der Sklavenhändler -Quittungen, Bestimmungen, Verordnungen und so weiter- einfach verbrennen, *als ob* es die Sklaverei nie gegeben hätte.

Damit es etwas nicht gibt, braucht man nur zu verordnen, daß es das nicht gibt. Unter dem 14. Juli 1789 hat König Ludwig XVI. in seinem Tagebuch vermerkt: „Nichts Wichtiges". In Guatemala verfügte 1902 der Diktator Manuel Estrada Cabrera, daß alle Vulkane des Landes erloschen seien, während die Lava- und Schlammströme des Vulkan Santa María mehr als einhundert Dörfer in der Umgebung von Quezaltenango unter sich begruben. Der kolumbianische Kongreß erließ 1905 ein Gesetz, das feststelllte, daß es in San Andrés de Sotavento und in anderen Gemeinden, wo unerwartet Erdöl zu sprudeln begonnen hatte, keine Indios gäbe: die Indios, die es gab, waren also illegal, und folgerichtig konnten die Öl-Firmen diese ungestraft töten und ihr Land besetzen.

DAS ALS-OB

In Uruguay läßt das „Gesetz über die Hinfälligkeit staatlicher Strafverfolgung", von Ende 1986, die Folterungen, Entführungen, Vergewaltigungen und Morde der letzten Militärdiktatur ungeschehen sein, *als ob* es diesen Staatsterrorismus nicht gegeben hätte. Ein Gesetz der Straffreiheit, wie es das uruguayische Volk vorzog zu nennen und dem es mit mehr als sechshunderttausend Unterschriften einen Riegel vorschob. Kurze Zeit bevor dieses Gesetz erlassen wurde, das die Folterer begnadigt, hatte Uruguay die Internationale Konvention gegen die Folter unterzeichnet und ratifiziert, welche die Bestrafung der Folterer vorschreibt. Dasselbe geschah in Argentinien. Diese Konvention schließt ausdrücklich die Ausrede des „Befehlsnotstandes" aus: die argentinische Regierung unterzeichnete und ratifizierte die Konvention, um sofort darauf die begangenen Folterungen mit eben dieser Ausrede -„Befehlsnotstand"- zu legalisieren. Die internationalen Konventionen haben in unseren Ländern Gesetzeskraft. *Aber es gibt Gesetze, die die Achtung der Menschenrechte vorschreiben, und andere, die die Verletzung dieser Rechte genehmigen: die einen geben vor zu existieren, die anderen gibt es wirklich.*

Die lateinamerikanische Geschichte lehrt uns, *den Worten zu mißtrauen.* Im Jahre 1965 sind die Militärdiktatur Brasiliens, die Militärdiktatur Paraguays, die Militärdiktatur Honduras' und die Militärdiktatur Nicaraguas zusammen mit den US-Marines in der Dominikanischen Republik einmarschiert, um die durch das Volk bedrohte Demokratie zu retten. Im Namen der Demokratie landeten 1961 an der kubanischen Schweinebucht die nostalgischen Anhänger der Batista-Diktatur. Heute wird im Namen der Demokratie Nicaragua von den nostalgischen Anhängern der Somoza-Diktatur angegriffen. Der Präsident Kolumbiens spricht von Demokratie, während der Staatsterrorismus 1987 ungestraft mehr als eintausend Oppositionelle ermordet, gemäß den Anweisungen des Handbuchs für Counterinsurgency der Armee, das vorschreibt, wie man paramilitärische Organisationen bildet.

Die offizielle Sprache deliriert, und ihr Delirium ist die Normalität des Systems. „Es gibt keine Entwertung", sagen die Wirtschaftsminister am Vortage des Zusammenbruchs der Nationalwährung. „Die Agrarreform ist unser wichtigstes Ziel", sagen die Agrarminister, während sich die Latifundien ausbreiten.

DER PERFEKTE WAHNSINN

Das System bejubelt die Infamie, wenn sie erfolgreich ist, und bestraft sie, wenn sie scheitert. Es belohnt den, der viel klaut, und verurteilt jenen, der wenig klaut. Es preist den Frieden und praktiziert die Gewalt. Dieses System preist die Nächstenliebe und zwingt dich gleichzeitig, deinen Nachbarn zu verschlingen. Das schizophrene Gerede erreicht einen seiner Höhepunkte perfekten Wahnsinns, wenn es die Freiheit des Geldes mit der Freiheit des Menschen verwechselt: damit setzt es zwei Werte gleich, die im offenen Gegensatz zueinander stehen, und es wird jedem einleuchten, daß diese Schizophrenie nicht unschuldig daherkommt. Trotzdem fehlt es nicht an Intellektuellen, die bereit sind, in jene Falle zu tappen, wie es kürzlich bei der Nationalisierung der Privatbanken in Peru deutlich geworden ist. Es gibt solche, die die Meinungsfreiheit des Dichters und die Spekulationsfreiheit des Bankiers auf dieselbe Stufe stellen. Aber in Lateinamerika, wie überhaupt in der Dritten Welt, hat die Handelsfreiheit nicht nur nichts mit der persönlichen Freiheit zu tun, nein, beide sind sogar unvereinbar. Um dem Geld vollkommene Freiheit zu gewähren, sperren die Diktaturen die Leute ein. Viel Blut, zuviel Blut ist in den letzten Jahrhunderten geopfert worden, als daß diese ins Auge springende Wahrheit nicht gesehen werden könnte.

Wir werden trainiert, nicht zu sehen. Die Bildung entbildet, die Kommunikationsmittel entkommunizieren. Die Bildung und die Medien wollen uns dazu verleiten, uns diesen Bären aufbinden zu lassen.

DIE USURPATION DER WIRKLICHKEIT

Selbst die Weltkarte lügt. Die Geographie der Welt lernen wir auf einer Landkarte, die uns die Welt nicht so zeigt, wie sie ist, sondern so, wie ihre Herren gebieten, daß sie sei. Auf der herkömmlichen Weltkarte, die in den Schulen und in allen Erdteilen gebraucht wird, befindet sich der Äquator nicht in der Mitte: der Norden nimmt zwei Drittel und der Süden ein Drittel ein. Skandinavien erscheint größer als Indien, obwohl es in Wirklichkeit dreimal kleiner ist. Die Sowjetunion macht das Doppelte von Afrika aus, obwohl sie um etliches kleiner ist. Auf der Weltkarte umfaßt Lateinamerika einen kleineren Raum als Europa und wesentlich weniger als die Vereinigten Staaten und Kanada zusammen, obwohl Lateinamerika in Wirklichkeit doppelt so groß ist wie Europa, und um einiges größer als die Vereinigten Staaten und Kanada.

Die Landkarte, die uns verkleinert, symbolisiert alles übrige: Entwendete Geographie, ausgeplünderte Wirtschaft, verfälschte Geschichte, alltägliche Usurpation der Wirklichkeit. Die sogenannte Dritte Welt, von drittklassigen Menschen bewohnt, umfaßt weniger, ißt weniger, erinnert sich weniger, lebt weniger, sagt weniger.

Sie umfaßt nicht nur weniger auf der Landkarte, sie umfaßt zugleich weniger in den Zeitungen, im Fernsehen, im Radio. Weniger will besagen: Sie umfaßt nahezu nichts. Ab und zu wird Lateinamerika zu einer modischen Erscheinung. Flüchtig wie jede Mode. Die Intellektuellen im Norden lassen uns dann vorübergehend ihre Bewunderung zuteil werden. Am Ende der fünfziger Jahre war Kuba an der Reihe. Am Ende der siebziger Jahre war es schließlich Nicaragua. Zwischen der einen oder anderen Halluzination -trügerischen Illusionen von makelloser Revolutionen- gab es die Guerrilla von Che Guevara und andere romantische Heldentaten. Diese überschwenglichen Leidenschaften mündeten auf verhängnisvolle Weise in Ernüchterung und in öffentliche Verachtung. Wie im XVI. Jahrhundert enttäuscht die Wirklichkeit die falschen Hoffnungen auf ein Eldorado.

Die Wirklichkeit ist so, wie sie ist, und nicht so, wie sie nach Maßgabe derer sein soll, die sie mit dem Himmel verwechseln, um sich später das Recht zu nehmen, sie mit der Hölle zu verwechseln und sie auf immer zur Hölle zu verurteilen: *Zur Hölle der Verachtung, zur Hölle des Schweigens.* Die Faszination und die Verdammung sind zwei Seiten des gleichen Verhaltens, das die Wirklichkeit leugnet und ihr den *Respekt* verweigert.

DAS WELTWEITE SYSTEM DER LÜGE

In einem vor einigen Jahren veröffentlichten Artikel, den ich mit offener Sympathie gegenüber dem Arbeiteraufstand in Polen schrieb, stellte ich eine Behauptung auf, die auf scharfe Kritik stieß. Trotz allem bleibe ich dabei, daß diese Behauptung richtig war. Ich sagte nämlich, daß man Lech Walesa, wäre er in Guatemala geboren, während des ersten Streiks aufgeschlitzt hätte, und sein Mord wäre den großen Tageszeitungen der Welt keinen Millimeter und den großen Fernsehanstalten keine Sekunde wert gewesen.

Guatemala leidet seit der Invasion von 1954 unter der längsten und systematischsten Abschlachtung in Lateinamerika. Die Meinungsmacher, die die Aufbereitung und Aufnahme von Nachrichten im internationalen Maßstab kontrollieren, zucken mit den Schultern. Blut aus Guatemala gibt nicht die geringste Schlagzeile her. Militärischer Terror und Elend werden als „naturgegeben" betrachtet. Bei den Erdbeben ist das jedoch nicht der Fall: Als im Jahre 1976 die Erde erschüttert wurde und 22.000 Guatemalteken den Tod fanden, eilten Journalisten aus allen Teilen der Welt herbei. Von diesen Journalisten schenkten nur wenige ihre Aufmerksamkeit der Tatsache, daß in eben diesen siebziger Jahren mehr als 22.000 Personen in Guatemala von den von Militärs organisierten Todesschwadronen getötet wurden. Und kaum einer zeigte ein Interesse dafür, daß in einem einzigen Jahr mehr als 22.000 Personen gestorben sind: gestorben vor Hunger, der ohne viel Aufhebens mordet. Armes Land, Land der Indios: Das Grauen ist Gewohnheit.

In einer Welt multinationaler Programme und simultaner Satellitenübertragungen sind wir alle Nachbarn, aber, wie Orwell sagen würde, einige sind mehr Nachbarn als andere. Die Kommunikationen sind zentralisiert. Wieviel sich auch auf diesem Planeten ereignen mag, in den Machtzentren übersetzt man es in die Sprache eines universellen Lügensystems, und es wird, in Bilder und Töne der Massenmedien verwandelt, zurückgegeben. Objektivität? *Mißtrauen wir dieser Objektivität, die uns auf Objekte reduziert.* Das Elend der Dritten Welt verwandelt sich in Ware. Diese wird von Zeit zu Zeit von den im Überfluß schwelgenden Ländern konsumiert, um sich selbst für das Wohlergehen, das ihnen beschert wurde, zu beglückwünschen. *Das universelle System der Lüge praktiziert die Amnesie. Der Norden tut so, als ob er das große Los gezogen hätte.* Aber sein Reichtum ist nicht das Ergebnis eines glücklichen Zufalls, sondern einer langen, ja sogar sehr langen Abfolge von Raubzügen, die sich seit der Kolonialzeit bis in unsere Tage in den verfeinerten Mechanismen der Ausbeutung verewigt haben. Je mehr auf den internationalen Schauplätzen die Reden nachhallen, welche die Gleichheit und die Gerechtigkeit hochhalten, desto mehr fallen auf den internationalen Märkten die Preise der Produkte aus dem Süden, und desto mehr steigen die Zinsen des Geldes aus dem Norden, der mit der einen Hand austeilt, was er mit der anderen geklaut hat. *Die Ausbeutungsmechanismen verpflichten den Süden dazu, die Rechnung für den verschwenderischen Norden zu begleichen, insbesondere auch für das zerbrochene Geschirr am Ende des Gelages:* auf dem Rücken der Peripherien des Systems werden die Krisen der Metropolen ausgetragen.

WAS SAGEN SIE UNS ?

In den noch heute von den Indios der Andenregion aufgeführten Theaterstücken über die Eroberung Amerikas sprechen die Priester und Eroberer, indem sie die Lippen bewegen - sie bringen jedoch kein Laut hervor. Die Sieger sprechen im Theater der Eingeborenen eine stumme Sprache. Was sagen uns heutzutage die Stimmen des internationalen Machtsystems, die die herrschende Kultur propagieren ? Was sagen sie uns über Dinge, die mit unseren tatsächlichen Bedürfnissen zusammenhängen? Die herrschende Kultur, die durch das Erziehungssystem und hauptsächlich, nämlich in weitaus größtem Maße, durch die Massenmedien in Erscheinung tritt, enthüllt nicht die Wirklichkeit, sondern verhüllt sie. Sie unterstützt nicht die Veränderungen, sondern trägt dazu bei, sie zu verhindern. Sie regt nicht zur demokratischen Teilnahme an, sondern führt zur Passivität, zur Resignation, zum Egoismus. Sie fördert keine schöpferischen Menschen, sondern vervielfacht die Konsumenten.

Es gibt zunehmend weniger Meinungsmacher und immer mehr Meinungsempfänger. In dem Maße, wie sie die Mittel ihrer Ausweitung perfektioniert, enthüllt die herrschende Kultur ihren antidemokratischen Charakter und schränkt die Möglichkeiten der Öffentlichkeit zu schöpferischem Tun und teilnehmendem Handeln ein. Die überwältigende Verbreitung des Fernsehens, zum Beispiel, verletzt unsere eigene Kultur, die Volkskultur -verletzt sie schwer, wie ich meine- und macht sie zum Opfer eines großangelegten

Angriffes, der ganz Lateinamerika zu einem Vorort von Dallas machen will. Dies ist gerade deswegen so schwerwiegend, weil in Lateinamerika die Volkskultur die wahrhaftigste nationale Kultur ist.

Zu recht sagt man, daß jeder Greis, der in den entfernten und verlassenen Dörfern stirbt, eine Bibliothek ist, die niederbrennt. Dank der Volkskultur, durch die das kollektive Gedächtnis weiterlebt und sich bereichert, konnten wir Lateinamerikaner uns einige entscheidende Merkmale unserer Identität bewahren. Die offizielle Kultur, die nachäffende und sterile, der einfältige Abklatsch der herrschenden Kultur, ignoriert diese Merkmale oder verachtet sie - falls sie ihr bekannt sind. Vielleicht fürchtet jene herrschende Kultur sogar diese Merkmale, die sich auf die Würde, auf die Phantasie und noch auf andere, ähnliche Feinde der Machthaber bezieht.

VALIUM ZUM VERGESSEN

Die Kultur des Volkes ist ihrer Natur nach eine Kultur der Mitwirkung, das heißt, sie ist ihrem Wesen nach demokratisch. Sie überträgt sich vor allem durch die mündliche Tradition, doch ihre Verbreitung und Wiederbelebung ist von Mal zu Mal schwieriger, je mehr der technologische Prozeß diejenigen Orte der Kommunikation, in denen sie fortleben kann, einschränkt: in den Cafés, auf den Plätzen und Theaterbühnen, bei den Klatschmäulern, auf dem Markt. Das Fernsehen hingegen schließt ein, trennt und isoliert: es strahlt in eine einzige Richtung aus - eine Reise ohne Rückkehr, vom Sendegerät zur aufnehmenden Person, welche die importierten Gefühle wie Würstchen aus der Büchse verspeist.

Der Kampf gegen die demokratie-feindlichen Strukturen, gegen diese Ohnmachtsstrukturen, zielt auf die Entwicklung einer nationalen Befreiungskultur, die imstande ist, die schöpferischen Energien der Menschen zu entfesseln und ihnen von den Augen die Spinnweben zu reißen, die die Menschen daran hindern, zu sehen und sich selbst zu sehen. Die Botschaften, die das Fernsehen in unseren Ländern ausstrahlt und die nichts anderes als Symbole sind, die die herrschende an die beherrschte Kultur verkauft -Symbole der Macht, die uns erniedrigt-, tragen nicht gerade viel zur Entwicklung dieser befreienden Kultur bei. Ich hoffe, daß man mich nicht falsch versteht. Diese Feststellung soll nicht die Negation des Fernsehens an sich bedeuten, sondern das Fernsehen als eine gesellschaftlich legitimierte Droge, als ein das Denken herabsetzendes Valium ablehnen.

REAKTIONÄRE DUMMHEIT

Der Nationalismus der Rechten, der die Geschichte rückwärts aufrollt, glaubt wirklich, daß sich die nationale Kultur durch die Herkunft ihrer Bestandteile bestimmt.

Mal angenommen, es verhielte sich tatsächlich so, dann gäbe es keine andalusische Kultur, da die typischen Patios Andalusiens aus dem Römischen Reich stammen; die Gitter und besonders die Türgitter aus dem Florenz der Renaissance; die blumenbestickten Umhängetücher aus der chinesischen Ming-Dynastie; die ,,Churros" sind arabisch und der ,,cante jondo" wurde aus der Vermischung von Zigeunermusik, arabischen Melodien und hebräischen Gesängen geboren. Und im letzten Jahrhundert war es ein Deutscher, der das Bandoneon mit der Absicht konstruierte, eine Art von tragbarem Harmonium zu schaffen, um sakrale Musik während der Prozessionen in seinem Lande zu spielen. Aber das Bandoneon floh aus Deutschland, und noch bevor es in die Hände von Aníbal Troilo geriet, hatte es sich schon zum typischsten Instrument des Tangos am Río de la Plata gemausert - dessen wichtigster Sänger, Carlos Gardel, irgendwo, höchstwahrscheinlich aber in der französischen Stadt Toulouse, zur Welt kam. Die kubanische Spezialität ,,Daiquirí" stammt aus dem Zuckerrrohr, das Kolumbus mitbrachte, der Zitrone, die aus Spanien herüberkam, und aus den fremden Techniken zur Verarbeitung von Zucker und Eis.

Die nationale Kultur bestimmt sich durch ihren Inhalt und nicht durch ihre Herkunft. Ist sie lebendig, befindet sie sich in einem ständigen Wandel, fordert sich selbst heraus, widerspricht sich selbst, empfängt fremde Einflüsse, die sie manchmal angreifen und auch manchmal bestärken und die zur gleichen Zeit als Gefahr und als Anreiz wirken. Die Ablehnung dessen, was uns ablehnt, muß nicht zugleich die Ablehnung dessen bedeuten, was uns bereichert. Lateinamerika hat keinen Grund, auf die schöpferischen Errungenschaften der Kulturen zu verzichten, die im großen Ausmaße dank eines materiellen Glanzes aufgeblüht sind, der durchaus mit der gnadenlosen Ausbeutung der Menschen und der Erde zu tun hat. Wenn Lateinamerika dies machen würde, so wäre dies ein wirklichkeitsfremdes Vergehen und eine reaktionäre Dummheit. Der Antiimperialismus hat auch seine Kinderkrankheiten.

Aber Lateinamerika ist nach wie vor sich selbst ein Rätsel. *Welches Bild gibt uns der Spiegel zurück? Ein zerbrochenes Bild. Bruchstücke. Unverbundene Bruchstücke; ein zerstückelter Körper, ein noch zu formendes Gesicht. Wir sind dazu erzogen worden, in den Spiegel zu spucken.*

DAS FALSCHE PARTHENON EINER STERILEN KLASSE

Die herrschenden Kulturen, die aus dem Ausland beherrschten Kulturen der herrschenden Klasse, erweisen sich als erschreckend unfähig, den Nationen, die sie zu vertreten vorgeben, ein Fundament zu geben. Es sind erschöpfte Kulturen, als ob sie schon viel zuwege gebracht hätten. Trotz ihres trügerischen Glanzes offenbaren sie die Trübheit der lokalen Bourgeoisien, denen in ihrem unersättlichen Kopierdrang die schöpferischen Energien immer mehr verloren gehen. Nachdem sie unsere Länder mit falschen Parthenons, mit falschen Versailles-Palästen, falschen Loire-Schlössern und mit falschen Chartres-Kathedralen übersät haben, vergeuden sie heute den nationalen Reichtum mit der Nachahmung US-amerikanischer Modelle von Protzerei und Verschwendungssucht. Hinter hohen Mauern und in babylonische Städte eingeschlossen, verleugnen und mißachten diese Kulturen die nationale Wirklichkleit oder alles das, was sich ihnen entgegenstellt; sie beschränken sich praktisch darauf, als Transmissionsriemen der ausländischen Machtzentren zu funktionieren. Die Kinder kommen aus Paris, im Schnabel der Störche, und die Wahrheit kommt aus Los Angeles oder Miami auf Videokassetten.

In den meisten Fällen orientiert sich diese Serienkultur daran, das Gedächtnis der lateinamerikanischen Völker auszuhöhlen, sie ihrer schöpferischen Kräfte zu berauben, damit sie sich weder selbst als Wirklichkeit erkennen noch als Möglichkeit wiedererkennen: Sie werden dazu gedrängt, die Zeichen ihrer eigenen Verdammung zu konsumieren und zu reproduzieren. Die Botschaften dieser Kultur verleihen dem grausamen Gesetz des Stärkeren die moralische Legitimation, und sie lehren uns, daß es schon seinen Grund hat, wenn wir arm dran sind: weil wir den fruchtbaren Boden für die kommunistische Aussaat bieten, aus dem lediglich ein stachliger Dornbusch entsteht, und weil wir alle dumm, nichtsnutzig, schwerfällig und feige sind, und schließlich und überhaupt, weil wir im Grunde dieses Schicksal verdient haben. Die mächtige, ja sogar übermächtige Ohnmachtsstruktur beginnt in der Ökonomie, endet aber nicht dort. Tatsächlich ist die Unterentwicklung nicht allein eine statistische Angelegenheit, sie hat nicht allein ihren Grund in den gewaltsamen Widersprüchen, nicht in einem Meer der Armut und auch nicht in den Inseln des Überflusses: die Unterentwicklung ist vor allem eine Ohnmachtsstruktur, die aufgebaut wurde, damit die unterworfenen Völker nicht mit ihrem eigenen Kopf denken, nicht mit ihrem eigenen Herzen fühlen und nicht mit ihren eigenen Beinen laufen.

DIE ENTFÜHRUNG DER GESCHICHTE

Den Hunger Leidenden verweigert das System sogar die Nahrung ihrer Erinnerung. Damit sie keine Zukunft haben, wird ihnen die Vergangenheit geraubt. *Die offizielle Geschichtsschreibung ist für die Reichen, die Weißen, die Machos und die Militärs geschrieben worden -von ihnen selbst.* Europa ist das Universum. Wenig oder gar nichts lernen wir von der präkolumbischen Vergangenheit Amerikas, ganz zu schweigen von Afrika, das wir nur von den alten Tarzan-Filmen kennen. Die Geschichte Amerikas, die echte, die verratene Geschichte Amerikas, ist eine Geschichte der ewigen Würde. Kein Tag verging in dieser Geschichte, an dem es nicht irgendeine Widerstandshandlung gegen die Macht und gegen das Geld gegeben hätte, doch die offizielle Geschichtsschreibung erwähnt weder die Aufstände der Eingeborenen noch die Rebellionen der schwarzen Sklaven, oder sie erwähnt sie höchstens, gewissermaßen im Vorbeigehen, als Handlungen ungebührlichen Benehmens - und niemals sagt uns diese Geschichte, daß so manch eine

Frau zu den Anführern gehörte. Die großen wirtschaftlichen und sozialen Prozesse existieren noch nicht einmal als Hintergrund: sie werden unterschlagen, damit die sogenannten „Entwicklungsländer" nicht bemerken, daß sie nicht in Richtung Entwicklung gehen, sondern bereits aus einer Entwicklung kommen. Im Verlauf einer langen Geschichte wurden sie herunterentwickelt durch die Entwicklung derjenigen Länder, die aus ihnen den letzten Tropfen herauspressten. Wichtig ist das Auswendiglernen der Daten von Kriegsschlachten und der genauen Geburtstage der Nationalhelden. Herausgeputzt wie für Fest und Parade haben diese bronzenen und einsamen Männer immer durch göttliche Eingebung gehandelt. Im Duell zwischen dem Guten und dem Bösen erfüllen die Völker in passiver Weise nur die Rolle der Kumparsen. Sie bilden einen konfusen Haufen Schwachsinniger, die begierig nach Befehlshabern lechzen und die ab und an das rote Gift herunterschlucken, als ob es ein Bonbon wäre.

DER FREMDE KAPITALISMUS

Die Dämonisierung der Kräfte des Wandels als Agenten fremder Ideologien und Händlern von Kokain, Marxismus und anderen Drogen verlangt die Aushöhlung des geschichtlichen Bewußtseins.

Doch in Wirklichkeit ist das Fremdartige in Amerika der Kapitalismus, der weder von Manco Capac noch von Moctezuma eingerichtet, sondern allein von außerhalb und von oben durch die europäischen Eroberer des XVI. Jahrhunderts eingeführt wurde. Die Eroberung vermarktete das amerikanische Leben, führte den allgemeinen Tauschhandel ein, während die Kirche das Gewinnstreben und das Gesetz der Angst zur göttlichen Ordnung erhob: wenn du gehorchst, gewinnst du den Himmel; wenn du nicht gehorchst, bestraft dich die Hölle. *Tatsächlich gibt es keine ältere Tradition in Amerika als jene der gemeinschaftlichen Produktions- und Lebensweise.* Nicht nur ist die Gemeinschaft die älteste Form, sie bildet auch die hartnäckigste und die widerstandfähigste Tradition - trotz der endlosen Verfolgung, die sie seit fünf Jahrhunderten erleidet. Sehr wohl läßt sich daraus schließen, daß der Sozialismus von innen und von unten kommt, vom tiefsten Inneren der Erinnerung unserer Völker.

Ebenso ist festzuhalten, *daß die Demokratie keine Neubeit war, die den barbarischen Indios von den europäischen Monarchien, samt zivilisierender Inquisition, beschert wurde.* Abgesehen von Cuzco und Tenochtitlan, den Zentren des überlieferten Despotismus, berichten die Chroniken der Epoche von aufschlußreichen Situationen aus verschiedenen Gegenden: die Indios fragten, wer den König von Spanien, oder den von England, gewählt habe, denn sie bestimmten ihre Anführer in Versammlungen, in denen übrigens auch die Frauen sehr wohl ihre Meinung sagten und sogar abstimmten.

DAS VERBOGENE GEWEHR

Die offizielle Geschichte, als zentrales Antriebsrad im Getriebe der herrschenden Kultur, wirkt auch als Instrument der Bindungslosigkeit. Uns werden Geschichten beigebracht, die nichts miteinander zu tun haben. Die Geschichte eines Stücks Lateinamerikas hat kaum oder gar nichts mit der Geschichte der übrigen Stückchen zu tun: wenn, dann treffen sie sich nur, um sich zu streiten. So verleitet man uns zum gegenseitigen Hass und richtet uns ab, die Gewehre auf die eigenen Reihen zu richten. Schon der Gaucho Martín Fierro, der viel herumgekommen ist, hat gesagt, daß die Einheit der Brüder oberstes Gebot sei, denn solange sie sich streiten, werden sie von den anderen aufgefressen. Unendlich lang wäre die Liste der Eifersüchteleien zwischen Uruguayern und Argentiniern, Argentiniern und Chilenen, Chilenen und Peruanern, Peruanern und Ekuadorianern ...

Die wiedergeborenen Demokratien Lateinamerikas müssen dringend erkennen, daß es gilt, *sich nicht im Feind zu täuschen, und das Gewehr zu richten, wenn es verbogen ist.* Schließlich und endlich haben unsere Länder Diktaturen erlitten, die alle vom selben Muster abstammen. Das Repressionsmodell kommt von außerhalb. Wie anders läßt sich sonst erklären, daß ein und die selbe Zwangsjacke, mit leichten Abänderungen, nacheinander in Brasilien, dem größten Land Lateinamerikas, und in Uruguay, dem kleinsten Land, angelegt wurde; daß sie in Argentinien, dem fortgeschrittensten Land, ebenso wie in Bolivien, dem rückständigsten Land, durchgesetzt wurde. Und dieses Repressionsmodell wurde im Interesse der herrschenden Klassen angewandt, die sich meistens sehr schlecht untereinander verstehen, die sich aber *sehr wohl einig werden, wenn die Suppe droht, überzukochen.* Dann mißachtet das System alle Menschenrechte, weil es die Kontinuität des Erbrechtes und die Gehorsamspflicht sichern muß in eben jenen Ländern, die billige Arbeitskräfte, billige Rohstoffe und offene Märkte liefern.

„DIE NATIONALE SICHERHEIT IST WIE DIE LIEBE", SAGTE DER GENERAL

Die Demokratie und die soziale Gerechtigkeit sind vom System getrennt worden. Wer sie zu vereinigen trachtet, entfacht einen Sturm. Dies ist das größte Vergehen der sandinistischen Revolution in Nicaragua. Die Agrarreform, die Verstaatlichung der Banken, die Alphabetisierung und die Gesundheitsprogramme, die die Kindersterblichkeit auf die Hälfte herabgesetzt haben, sind ein Angriff auf die Grundlagen der Nationalen Sicherheit des Westens.

„ Die Nationale Sicherheit ist wie die Liebe: nie ist es genug ", sagt General Humberto Gordon, Chef der Geheimpolizei des Diktators Pinochet. Aber nicht allein die Diktaturen verherrlichen mit derartigem Eifer die Nationale Sicherheit. Diese Doktrin -als Doktrin eines Krieges nach innen, eines Krieges gegen die Menschen, eines Krieges gegen die Kräfte des Wandels- endet nicht, wie durch ein Wunder, sobald die Militärs den Zivilisten das Regieren überlassen.

Die Repressionsapparate, die beispielsweise in Uruguay einen zwanzig Mal so hohen Etat haben wie die Universitäten, arbeiten weiter im Dienste der Nationalen Sicherheit: Durch ihre ständige Alarmbereitschaft setzen sie die Demokratie einer ständigen Erpressung aus. Die Demokratie wird behandelt wie eine Minderjährige, die nicht ohne Erlaubnis ausgehen darf; und sie läuft auf Zehenspitzen, während sie sich unentwegt für die ungebührlichen Störungen entschuldigt.

Die Rede von der formalen Freiheit, einer über den realen Widersprüchen bestehenden Freiheit, dient nur dem Ziel jener Füchse, die
für sich die Handlungsfreiheit in den Hühnerställen beanspruchen.
Gleiches gilt für das Gerede über die formale Demokratie, die dem
Volk fremd ist, dem sie zu dienen vorgibt. Die demokratische Elle
des Westens ist *der Ausdruck einer Scheinkultur: der Ehevertrag gilt
mehr als die Liebe; das Begräbnis mehr als der Tote; die Kleidung
mehr als der Körper und die Messe mehr als Gott. Das Schauspiel der
Demokratie gilt mehr als die Demokratie.*

Die lateinamerikanischen Demokratien wollen wahrhaftige Demokratien sein. Sie finden sich nicht damit ab, Demokraturen, nämlich durch Diktaturen entstellte Demokratien zu sein - auch wenn
die demokratische Elle diesem Detail keine Bedeutung zumißt. *Für
die Ohnmachtsstruktur ist jedwede dynamische Demokratie, die zu
einer Veränderung der Wirklichkeit führt, eine Gefahr.* Jeder weiß
schließlich, was mit Salvador Allende und mit Tausenden von Chilenen passiert ist, als Chile mit der Demokratie ernst machte.

Fünfzehn Jahre nach der chilenischen Tragödie leistet Nicaragua
Widerstand. Mit standhafter Ausdauer gegen alle Störmanöver,
bewährt sich diese Erfahrung einer populären Beteiligung und des
gemeinsamen Willens zur Bewahrung der nationalen Würde. In
Nicaragua kämpft nicht allein die Volksarmee gegen die angemieteten, in das Land eindringenden Soldaten: gleichzeitig kämpfen die
schöpferischen Kräfte der Menschen gegen das verfluchte Erbe der
Unterentwicklung, gegen die Ignoranz, gegen die Passivität, die
Verantwortungslosigkeit und nicht zuletzt gegen die Angst vor Veränderungen, gegen die Angst, zu sein und zu handeln. Dabei ist die
Angst, wie es die „Mütter von der Plaza de Mayo" treffend beschrieben, ein Gefängnis ohne Gitter.

Es drängt sich die Frage auf: Welches Bild mag wohl entstehen,
am Ende all dieser Jahrhunderte der Angst, wenn die Wirklichkeit
aufhört, ein Mysterium zu sein, und die Hoffnung ein Trost? Wenn
Macht und Wort zum gemeinsamen Gut aller geworden sein sollten
- was werden dann die Völker sagen? Vergessen wir nicht, daß jeder
Kampf gegen die Ohnmachtsstruktur einer erstrebenswerten und
möglichen Welt vorgreift, und daß jeder Triumph, so klein und

unbedeutend er auch sein mag, Lorbeeren erntet: Lorbeeren, die weder dazu dienen, die Stirn der heldenhaften Kämpfer noch der Hofdichter noch der Götter irgendeines Olymps zu schmücken, sondern um den Geschmack der dampfenden und brodelnden Suppe zu steigern, wie auch die Freude des Volkes.

(1987)

DER KÖRPER:
SCHULD ODER FREUDE

Die fünf Jahrhunderte der Entdeckung rücken näher. Mir kommt der Gedanke, daß es doch gar nicht so schlecht wäre, wenn eines der zentralen Themen dieser Feierlichkeiten eine Würdigung der sexuellen Freiheit wäre, die es in Amerika gab, oder zumindest in großen Teilen Amerikas, bevor es überhaupt so hieß und ihm noch niemand den Gefallen getan hatte, es zu entdecken. Solche Priester wie Bartolomé de Las Casas oder Vasco de Quiroga haben in Amerika das Wort eines Gottes gepredigt, der in die Würde des Menschen verliebt ist. Aber es war nicht jener Gott, der sich in unseren Ländern durchgesetzt hat, sondern der Universelle Polizeichef, der mit Feuer und Schwert antrat, um die Schuld zu lehren und um die Freiheit - im Jenseits und im Diesseits- zu bestrafen.

Es wäre doch keine schlechte Idee, meine ich, das älteste Vermächtnis Amerikas zu ehren, das ein Vermächtnis der Freiheit ist, und dies wäre auch keine unpassende Idee, jetzt, wo doch die entwickelten Länder -im Schatten der wachsenden Panik, die AIDS verbreitet- Anflüge von kastrierender Moral erleiden.

AIDS, eine neue, ansteckende Krankheit, ohne Schutzimpfung und ohne sichere Heilung, könnte der perfekte Vorwand für die Sex-Polizisten sein - und ist es auch schon. Hoffentlich täusche ich mich, aber ich habe den Eindruck, um nicht zu sagen die Gewißheit, daß wir heute die Zubereitung der bestmöglichen Nährlösung für die Gegner der ach so unverzeihlichen Freuden des Körpers erleben. Was zum Beispiel soeben mit Gary Hart geschah, dem US-amerikanischen Präsidentschaftskandidaten der Demokraten -auf solch niederschmetternde Art und Weise denunziert und verurteilt-, geschah zu anderen Zeiten nicht, als Franklin Delano Roosevelt oder John Fitzgerald Kennedy die Hauptrollen in fast identischen Stücken spielten.

.

Der Puritanismus in Aktion

In letzter Zeit haben die Zeitungen Europas und der Vereinigten Staaten ihre Schlagzeilen dem Skandal um Gary Hart gewidmet. Die Journalisten des „Miami Herald", die sich der noblen Aufgabe verschrieben haben, in fremder Leute Betten zu spionieren, entdeckten ein amouröses Abenteuer des möglichen Gegen-Kandidaten zu Ronald Reagan. Als ich das Foto von der Dame seiner Sünden sah, bekam ich Lust, Hart zu beglückwünschen, ja, ihm sogar stehend zu applaudieren; aber die Lust verging mir, kaum daß ich seine erbärmlichen Ausflüchte gelesen hatte, die noch nicht einmal des unwürdigsten Angeklagten vor den Gerichten der Heiligen Inquisition würdig gewesen wären.

Auf alle Fälle hat die Denunziation des „Miami Herald", mit der die politische Karriere des Gary Hart jäh abbrach, auf angenehme Weise die gleichzeitig aufkommenden Enthüllungen über die Tricks des Präsidenten Reagan, illegale Geldmittel für die Ermordung von Nicaraguanern abzuzweigen, in den Hintergrund geschoben. Die puritanische Tradition, die von der kolonialen Zeit stammt und nicht von früher, hat Gary Hart am Hauptmast der Mayflower aufgeknüpft. Aus der Sicht eines Systems, das die doppelte Moral, das Doppelzüngige und die doppelte Buchführung als guten Brauch pflegt, hat Gary Hart ohne jeden Zweifel ein schwereres Verbrechen begangen als jene Greueltaten, die von den Contras im Namen und Auftrag der Vereinigten Staaten begangen werden.

Ein Kreuzzug gegen die Sexualität

Während im Norden Amerikas der politische Kadaver Harts im Wind der Scheinheiligkeit baumelte, entfaltete sich auch in Europa der heuchlerische Neo-Moralismus.

In Paris schossen die Innen- und Kulturminister propagandistische Breitseiten in ihrer Zensur-Kampagne gegen die Erotik, auch Pornographie genannt. In Cádiz wurden zwei Frauen, die sich am Strand -fast- nackt sonnten, für drei Tage ins Gefängnis gesteckt, was, wenn ich mich recht entsinne, in Spanien schon seit Jahren nicht mehr vorkam. Jede Nacktheit ist sündhaft, denn sie führt zur

Erbsünde zurück, sagte Augustinus, und in Florenz schrien seine Anhänger zum Himmel auf, besser gesagt zum Paradies, als der Adam von Masaccio ausgestellt werden sollte - zum ersten Mal in seiner ursprünglichen und furchtbaren Nacktheit. Die Techniker haben es geschafft, den Adam auszuziehen, und jetzt steht er da, so wie ihn Masaccio zur Welt brachte, ohne das Feigenblatt, das die Kirche ihm aufgepflanzt hatte. Und währenddessen schärfte im Vatikan der Papst, soeben aus Amerika und Deutschland zurückgekehrt, seine Kastrationsscheren.

Satans Hort

In Chile hatte der Papst im Nationalen Stadion, Ort unheilvoller Erinnerungen, persönlich feststellen müssen, wie zählebig eine heidnische und dämonische Tradition sein kann. Als Seine Heiligkeit die jungen Chilenen aufrief, die Sexualität zu verdammen, haben sie ihm mit einem lauten und einmütigem *Neeeiiinn* geantwortet. Einige Jahre zuvor hatte General Pinochet ein Gesetzesdekret gegen eine andere, auch sehr heidnische und dämonische Tradition erlassen: ein Gesetzesdekret gegen die gemeinschaftliche Produktions- und Lebensweise der Mapuche-Indios.

Zu Zeiten der Eroberung waren eben jene zwei Traditionen die grundlegenden Beweise der Verderbnis Amerikas und der Notwendigkeit seiner Erlösung. Selbstverständlich haftete den Indianern der Schwefelgeruch an, weil sie auch dazu neigten, ihre Götzen zu verehren und ihnen blutige Opferzeremonien darzubieten, aber zwei Beweise -die unwiderlegbarsten- wiesen die Neue Welt als Satans Hort aus: die freie Liebe und das Fehlen von Privateigentum.

Ein gefährliches Vermächtnis

Die Liebe war im größten Teil Amerikas frei, auch wenn das Sexualleben in den Weiten, die vom Cuzco-Tal und vom Texcoco-See aus beherrscht wurden, strengen Regeln unterworfen war. Dort hatten Inkas und Azteken ihre Machtzentren, vom Staat vertikal geordnete

Gesellschaften mit Leibeigenen und Herren. Aber selbst diese strengen Regeln waren nicht so streng, wenn man sie mit dem vergleicht, was danach kam. Immerhin gab es in ganz Amerika die Scheidung, in dem Sinne, daß niemand zum lebenslänglichen Ehepartner verurteilt wurde, und nirgendwo in Amerika spielte die Jungfräulichkeit überhaupt eine Rolle.

Rund um das karibische Meer, und auch in anderen Regionen, wurde die Homosexualität als etwas Normales angesehen. Es war in Panama, im Jahr 1513, wo Vasco Núñez de Balboa eine seiner Exorzismus-Zeremonien vollzog und seinen blutrünstigen Hunden fünfzig homosexuelle Indios zum Fraß vorwarf, Männer, die bis dahin die Freiheit und die Anerkennung unter ihresgleichen genossen hatten. An der kolumbianischen Küste der Karibik, im Jahr 1599, erhoben sich die Tairona, um ihre sexuellen Gewohnheiten zu verteidigen - freie Scheidung, freie Homosexualität und freier Inzest. Achtzig ihrer Gemeinschaften waren fast restlos durch die Repression vernichtet worden, als die Ordnung wieder hergestellt war, eine Ordnung der Verbote.

Es wirkt stimulierend, sich dieses Vermächtnisses der Freiheit zu erinnern. In unserer heutigen Welt wird die Homosexualität noch in vielen Gesetzesbüchern als Straftat geahndet und als strafbar oder krankhaft von fast allen Moral-Kodizes geächtet. Und paradoxerweise, weil ja die Geschichte doch den schwarzen Humor so liebt, ist die Karibik eine der schlimmsten Regionen in Bezug auf Macho-Vorurteile gegen Homosexuelle und Frauen geworden.

Verteidigung der Freuden

Der Terror und die panische Angst vor AIDS könnten sich, wenn wir so weitermachen, in Terrorismus verwandeln. Diese Pest scheint wissenschaftlich die schlimmsten Verwünschungen Jehovas zu bestätigen, die er dem Alten Testament zufolge gegen die Homosexuellen und all jene ausgesprochen hat, die auf die eine oder andere Weise mal in den verbotenen Apfel beißen - welcher bekanntlich die süßeste und gefährlichste aller Früchte unseres Reiches auf Erden ist.

Schlimmer noch als die AIDS-Pest ist die Pest der Angst. Deswegen wäre es gut, und gut würde es uns bekommen, wenn uns die Feierlichkeiten zur Entdeckung als kleine Hilfe dienten. So einfach dahergesagt, klingt das verrückt - und deswegen sage ich es: wir müssen uns dieser wachsenden Welle kastrierenden Puritanismus' entgegenstellen, der uns damit droht, die Spannung aus dem Leben zu rauben, um dieses Leben auf eine tugendhafte, aseptische und harmlose Langeweile zu verkürzen. Würde man es tatsächlich so machen, sollte man die Feierlichkeiten nicht als eine Würdigung der Katholischen Könige verstehen, jener Begründer der Inquisition in Spanien und Herren der Intoleranz und des Obskurantismus in Amerika. Der historische Geburtstag könnte vielmehr als ein weltweiter Beifall für jene schönen und guten Menschen verstanden werden, die trotz aller Verfolgung und Verachtung die zwei ältesten Traditionen Amerikas haben aufrechterhalten können: die Tradition der Freiheit und die Tradition der Gemeinschaft. Das wäre dann eine Ehrung, nur als Beispiel, der Maya-Gemeinschaften in Guatemala, die unzählige Vernichtungsfeldzüge überlebt haben und die immer noch fähig sind, der Solidarität den Vorzug zu geben und das Eigentum zu verachten, und die den Liebesakt noch immer als ein *Spiel* bezeichnen. Oder es wäre eine Ehrung, auch nur als Beispiel, der Huichola-Art zu gebären. Wenn die Huichola-Frauen in den mexikanischen Bergen von Nayarit niederkommen, dann denken sie nicht an den biblischen Fluch, der die Frau dazu verdammt, unter Schmerzen zu gebären. Vielmehr erinnern sie sich nur an jene Nacht vor neun Monaten, damit das zu gebärende Kind der Freude würdig sei, in der es gezeugt wurde.

(1987)

DER BLAUE TIGER UND UNSER GELOBTES LAND

Weder schwarze noch rosa Legende. Die zwei Extreme dieses Gegensatzes -eines falschen Gegensatzes- stellen uns außerhalb der Geschichte; sie stellen uns außerhalb der Realität. Beide Interpretationen der Eroberung Amerikas entlarven eine verdächtige Verklärung vergangener Zeiten, eine schillernde Leiche, deren Glanz uns blendet und erblinden läßt gegenüber der heutigen Zeit in unseren Ländern. Die schwarze Legende schlägt uns vor, das Museum des Guten Wilden zu besuchen, wo wir uns ausweinen können über das zerstörte Glück einiger Menschen aus Wachs, die nichts mit den Wesen aus Fleisch und Blut zu tun haben, die unsere Länder bevölkern. Spiegelbildlich dazu, lädt uns die rosa Legende in den Großen Tempel des Westens ein, wo wir unsere Stimmen dem universellen Chor beimischen können - der hymnisch das große zivilisatorische Werk Europas feiert, eines Europas, das sich über die Welt ausbreitete, um sie zu erlösen.

Die schwarze Legende lädt auf die Schultern Spaniens, und in geringerem Umfang auf die Portugals, die Verantwortung für den ungeheuren kolonialen Raubzug, der eigentlich in viel größerem Maße andere europäische Länder begünstigt und die Entwicklung des modernen Kapitalismus ermöglicht hat. Die so oft erwähnte „spanische Grausamkeit" hat es nie gegeben: was es tatsächlich gab -und weiterhin gibt-, ist ein abscheuliches System, das grausame Methoden brauchte -und weiterhin braucht-, um sich durchzusetzen und zu wachsen. Spiegelbildlich dazu, fälscht die rosa Legende die Geschichte, lobt die Infamie, benennt mit „Evangelisation" den kolossalsten Raubzug der Weltgeschichte und verleumdet Gott, wenn sie diesen Raubzug als gottbefohlen darstellt.

Nein, nein: weder schwarze Legende noch rosa Legende. *Die Wirklichkeit zurückzugewinnen: das ist die Herausforderung. Um die Wirklichkeit von heute zu ändern, um die Wirklichkeit von gestern zurückzuerlangen,* die versteckte, verratene Wirklichkeit der Geschichte Amerikas.

Uns überfluten ganze Katarakte wohlklingender Reden und ansehnlicher Zeremonien: Die fünfhundert Jahre der sogenannten Entdeckung rücken näher. Ich glaube, daß Alejo Carpentier sich nicht geirrt hat, als er sagte, daß dies das größte Ereignis der Menschheitsgeschichte gewesen sei. Aber es erscheint mir geradezu augenfällig, daß Amerika nicht 1492 entdeckt wurde, ebensowenig wie die römischen Legionen Spanien entdeckt haben, als sie es im Jahre 218 vor Christus besetzten. *Und es erscheint mir in völliger Evidenz offenkundig: es ist nun langsam Zeit, daß Amerika sich selbst entdeckt.* Und wenn ich Amerika sage, meine ich hauptsächlich jenes Amerika, welches aller Dinge beraubt wurde, sogar seines Namens, in einem Prozeß, der es im Laufe der fünf Jahrhunderte in den Dienst fremden Fortschritts gestellt hat: unser Lateinamerika.

Diese notwendige Entdeckung, Enthüllung des unter den Masken versteckten Gesichts, muß über die Rettung einiger unserer ältesten Traditionen gehen. *Aus der Hoffnung, und nicht aus der Nostalgie muß eingefordert werden: die gemeinschaftliche Produktions- und Lebensweise, die sich auf die Solidarität und nicht auf die Habsucht stützt, den Einklang des Menschen mit der Natur und den alten Regeln der Freiheit.* Ich glaube, daß es keine bessere Möglichkeit gibt, die Indios zu ehren, diese ersten Amerikaner, die von der Arktis bis zum Feuerland in der Lage waren, immer neue Ausrottungswellen zu überstehen und ihre Identität und ihre Botschaft lebendig zu halten. Heute noch schenken sie ganz Amerika, und nicht nur unserem Lateinamerika, grundlegende Aufschlüße für die Erinnerung und die Zukunft: Sie geben ein Zeugnis der Vergangenheit ab und entzünden zugleich Feuer, die den Weg erhellen. Wenn jene Ideale, die sie verkörpern, nur noch einen archäologischen Wert hätten, dann wären die Indianer nicht bis heute das Ziel erbitterter Verfolgung, und die Machthaber wären nicht so sehr daran interessiert, sie von den Klassenkämpfen und den Befreiungbewegungen zu trennen.

Ich bin nicht einer von denen, die an die Traditionen um ihrer selbst willen glauben: ich glaube an das Erbe, das die Freiheit der Menschen vermehrt, und nicht an jenes, das sie in Käfige steckt. Eigentlich scheint es überflüssig, dies klarzustellen, aber es kann nicht schaden: Wenn ich mich auf die fernen Stimmen beziehe, die uns aus der Vergangenheit helfen, die Antworten auf die Herausforderungen der heutigen Zeit zu finden, dann berufe ich mich weder auf jene rituellen Opferungen, die den Göttern menschliche Herzen anboten, noch stimme ich das Loblied auf den Despotismus der Inka- und Azteken-Könige an.

Vielmehr preise ich die Tatsache, daß Amerika *aus seinen ältesten Quellen die frischesten Kräfte beziehen kann: was die Vergangenheit sagt, ist für die Zukunft wichtig.*

Ein System, das die Welt und ihre Menschen tötet, das das Wasser verseucht, die Erde vernichtet und die Luft und die Seele vergiftet, steht in einem gewaltigen Widerspruch zu den Kulturen, die daran glauben, daß die Erde heilig sei, weil heilig auch wir sind, ihre Kinder: diese verachteten und verleugneten Kulturen behandeln die Erde, als sei es eine Mutter, und nicht ein Produktionsmittel und eine Einnahmequelle. Dem kapitalistischen Gesetz des Profits setzen sie das gemeinschaftliche Leben, die gegenseitige Hilfsbereitschaft entgegen, die gestern Thomas Morus dazu inspiriert haben, seine Utopie zu erschaffen, und die uns heute helfen, das amerikanische Antlitz des Sozialismus zu entdecken, dessen tiefste Wurzeln in der Tradition der Gemeinschaften liegen.

Mitte letzten Jahrhunderts warnte ein Indianerhäuptling namens Seattle die Regierungsbeamten der Vereinigten Staaten: „Nach einigen Tagen nimmt der Sterbende den üblen Geruch seines eigenen Körpers nicht mehr wahr. Verseucht nur weiterhin euer Bett, und eines nachts werdet ihr sterben, erstickt in eurem eigenen Dreck." Der Häuptling Seattle sagte auch: „Was der Erde angetan wird, wird auch den Kindern der Erde angetan." Ich habe gerade eben diesen Satz, genau diesen, aus dem Munde eines Maya-Indios gehört, in einem Dokumentarfilm, der vor kurzem in den Bergen von Ixcán, in Guatemala, gedreht wurde. Da erklären die -von der Armee verfolgten- Mayas mit folgenden Worten die Treibjagd, die ihr Volk erleidet: „Sie töten uns, weil wir zusammen arbeiten, weil wir zusammen essen, zusammen leben, zusammen träumen."

Welche finstere Bedrohung strahlen die Indianer Amerikas aus, welche trotzig lebendige Bedrohung, trotz der Jahrhunderte voller Verbrechen und Verachtung ? Welche Gespenster beschwören die Henker ? Welche panischen Ängste ?

Ende letzten Jahrhunderts, um die Usurpation des Landes der Sioux-Indianer zu rechtfertigen, erklärte der Kongress der Vereinigten Staaten, daß „das gemeinschaftliche Eigentum gefährlich ist für die Entwicklung des freien Unternehmertums." Und im März 1979 wurde in Chile ein Gesetz verkündet, das die Mapuches dazu zwingt, ihr Land in Parzellen aufzuteilen und sich, ohne jede Beziehung zueinander, in Kleingrundbesitzer zu verwandeln; damals erklärte der Diktator Pinochet, daß diese Gemeinschaften unvereinbar seien mit dem Fortschritt der nationalen Wirtschaft. Der US-amerikanische Kongress hat sich nicht getäuscht. Auch General Pinochet hat sich nicht getäuscht. *Vom kapitalistischen Gesichtspunkt aus betrachtet, sind die kommunitären Kulturen, die den Menschen weder von den anderen Menschen noch von der Natur abtrennen, feindliche Kulturen. Aber der kapitalistische Gesichtspunkt ist nicht der einzig mögliche Gesichtspunkt.*

Vom Gesichtspunkt eines Gesellschaftsprojektes, das sich auf der Solidarität gründet und nicht auf dem Geld, sind diese so alten und doch so zukunftsträchtigen Traditionen ein wesentlicher Teil der ursprünglichsten Identität Amerikas: eine dynamische Energie, keine tote Masse. *Wir sind Ziegelsteine eines noch zu bauenden Hauses:* diese Identität, kollektive Erinnerung und geteilte Aufgabe, kommt von der Geschichte und kehrt zur Geschichte zurück, ohne Unterlass, umgestaltet durch die Herausforderungen und Zwänge der Realität. Unsere Identität liegt in der Geschichte, der lebendigen Geschichte, und nicht in der Biologie, und sie wird von den Kulturen geschaffen, nicht von den Rassen. Die Gegenwart wiederholt nicht die Vergangenheit, sie schließt sie ein. Aber: welchen Spuren folgen unsere Schritte ? Welches sind die tiefsten Spuren in der Erde Amerikas ?

Im allgemeinen ignorieren unsere Länder ihre eigene Geschichte, wie sie sich auch untereinander ignorieren. Das neokoloniale Statut entleert den Sklaven von jeglicher Geschichte, damit der Sklave sich selbst mit den Augen seines Herren betrachtet. Man lehrt uns die Geschichte mit Daten und Fakten, die aus dem Zusammenhang der Zeit gerissen werden, und diese Daten und Fakten gehören, das ist unvermeidbar, nicht zu jener Wirklichkeit, die wir kennen, lieben und erleiden; und man bietet uns eine von elitärem Denken und von Rassismus entstellte Version der Vergangenheit an. Damit wir leugnen, was wir sein können, wird uns lügnerisch verheimlicht, was wir einmal waren.

Die offizielle Geschichte der Eroberung Amerikas wurde vom Gesichtspunkt des expandierenden Merkantilismus erzählt. Diese Perspektive hat Europa als Mittelpunkt und das Christentum als einzige Wahrheit. Das ist letzten Endes die selbe offizielle Geschichte, die uns die „Wiedereroberung" Spaniens durch die Christen gegen die „maurischen" Invasoren erzählt -eine unlautere Art, jene Spanier moslemischer Kultur zu disqualifizieren-, die schon sieben Jahrhunderte auf der Halbinsel lebten, als man sie hinauswarf. Die Vertreibung dieser vermeintlichen „Mauren" -Mauren waren sie ja in keiner Weise- zusammen mit den Spaniern jüdischer Religion bedeutete den Sieg der Intoleranz und der Lehnsherrschaft und besiegelte zugleich den historischen Zerfall jenes Spanien, das Amerika entdeckt und erobert hat. Einige Jahre bevor Fray Diego de Landa in Yucatán die Bücher der Mayas ins Feuer warf, hatte der Bischof Cisneros die islamischen Bücher in Granada auf einem großen und reinigenden Scheiterhaufen verbrannt, der mehrere Tage loderte.

Die offizielle Geschichte wiederholt die ideologischen Vorwände, die schon von den Usurpatoren der Erde Amerikas und seiner Bodenschätze gebraucht wurden; aber dieser Geschichte zum Trotz, deckt sie auch die ihr widersprechende Wirklichkeit auf. Diese verbrannte, verbotene und von Lügen entstellte Wirklichkeit kommt trotz allem zutage in dem Entsetzen und dem Grauen, der Empörung und auch der Bewunderung der Chronisten angesichts jener nie gesehenen Wesen, die das Europa der Inquisition gerade „entdeckte".

Im Jahr 1537 gab die Kirche zu, daß die Indios mit Seele und Verstand begabte Personen seien, aber zugleich segnete sie die Verbrechen und die Plünderungen; schließlich waren die Indios zwar Personen, aber eben von Dämonen besessene Personen, und somit hatten sie keine Rechte. Die Konquistadoren handelten im Namen Gottes, um den Götzendienst auszumerzen, und die Indios lieferten ja ständig Belege ihrer ewigen Verdamnis und unzweifelhafte Gründe für ihre Bestrafung. Die Indios kannten nicht das private Eigentum. Sie benutzten weder das Gold noch das Silber als Geld, sondern schmückten damit ihre Körper oder verehrten damit ihre Götter. Diese -falschen- Götter standen auf der Seite der Sünde. Die Indios liefen nackt umher: Das Schauspiel der Nacktheit, sagte der Bischof Pedro Cortés Larraz, „schlägt viele Wunden im Gehirn". Nirgendwo in Amerika war die Ehe unauflöslich, und die Jungfräulichkeit hatte keinerlei Bedeutung. Entlang der Küsten der Karibik, und auch anderswo, war die Homosexualität frei, aber darüber entrüstete sich Gott vielleicht mehr als über den Kannibalismus im Amazonas-Urwald. Die Indios hatten die schlechte Angewohnheit, jeden Tag zu baden, und zu allem Überfluß glaubten sie an ihre Träume. Die Jesuiten haben den Einfluß Satans auf die Indianer Kanadas folgendermaßen festgestellt: die Indianer waren so teuflisch, daß sie Übersetzer hatten, die ihnen die symbolische Sprache ihrer Träume erklärten, denn sie glaubten, daß die Seele spreche, während der Körper schläft, und daß die Träume die unerfüllten Wünsche zum Ausdruck brächten.

„Der beste Fisch langweilt auf die Dauer, aber Sex macht immer Spaß", sagten und sagen die Mehinaku in Brasilien. Die sexuelle Freiheit verbreitete einen unerträglichen Schwefelgeruch. In den Chroniken aus dem falschen Indien ist die Empörung ob dieser höllischen Vergnügen allgegenwärtig, die einem in jedem Winkel Amerikas auflauerten, wenn er nur weit genug von Mexiko oder Cuzco, den zwei puritanischen Sanktuarien, entfernt war. Die offizielle Geschichtsschreibung reduziert in großem Maße die präkolumbische Realität auf die Zentren der beiden Zivilisationen mit dem höchsten Grad sozialer Organisation und materieller Entwicklung. Die Inkas und Azteken befanden sich in einer Phase imperialer Expansion, als sie von den europäischen Eroberern niedergeschlagen wurden - diese hatten sich mit jenen Völkern verbündet, die von ihnen unterdrückt wurden. In diesen Gesellschaften -vertikal gelenkt von Königen, Priestern und Kriegern- herrschten strenge Sitten, deren Tabus oder Verbote der Freiheit kaum Platz ließen. Aber selbst in diesen Zentren, den repressivsten ganz Amerikas, kam das Schlimmere erst danach. Die Azteken zum Beispiel bestraften den Ehebruch zwar mit dem Tod, aber sie erlaubten die Scheidung auf Wunsch des Mannes oder der Frau. Ein anderes Beispiel: Die Azteken hatten Sklaven, aber die Kinder dieser Sklaven wurden nicht als Sklaven geboren. Der ewige Ehebund und die erbliche Sklaverei waren europäische Produkte, die Amerika im XVI. Jahrhundert einführte.

In unseren Tagen geht die Conquista, geht die Eroberung weiter.

Die Indios büßen immerfort für ihre Sünden, für Gemeinschaft, Freiheit und andere Unverschämtheiten. Die seelenreinigende Aufgabe der Zivilisation verbrämt jetzt nicht mehr die Plünderung des Goldes und des Silbers: hinter den Fahnen des Fortschrittes schreiten die Legionen moderner Piraten voran -ohne Handhaken, ohne Augenklappe, ohne Holzbein-, große multinationale Firmen, die sich auf Uran, Erdöl, Nickel, Magnesium und Wolfram stürzen. Die Indios leiden wie ehedem am verfluchten Reichtum *ihrer* Erde. Sie waren zunächst auf unfruchtbare Böden vertrieben worden; aber genau unter diesen Böden entdeckte die moderne Technologie reiche Schätze.

„Die Eroberung ist noch nicht zuende", verkündeten unbekümmert fröhlich die vor sieben Jahren in Europa veröffentlichten Anzeigen, in denen Bolivien den Ausländern feilgeboten wurde. Die Militärdiktatur überließ dem Meistbietenden die besten Böden des Landes, während sie die bolivianischen Indios genau so behandelte wie im XVI. Jahrhundert. In den ersten Zeiten der Eroberung wurden die Indios dazu gezwungen, sich in den öffentlichen Urkunden mit „Ich, erbärmlicher Indio ..." zu bezeichnen. Heute haben die Indios nur noch als billige Arbeitskraft oder als touristische Attraktion ein Existenzrecht.

„Die Erde verkauft man nicht. Die Erde ist unsere Mutter. Man verkauft nicht seine Mutter. Warum bieten sie dem Papst nicht hundert Millionen Dollar für den Vatikan?", sagte kürzlich einer der Sioux-Häuptlinge in den USA. Ein Jahrhundert zuvor hatte die Siebte Kavallerie die Black Hills -die Heilige Erde der Sioux- überfallen, weil es dort Gold gab. Jetzt beuten die multinationalen Unternehmen das Uran aus, obwohl sich die Sioux weiterhin weigern, ihr Land zu verkaufen. Inzwischen verseucht das Uran die Flüße.

Vor einigen Jahren sagte die Regierung Kolumbiens den indianischen Gemeinschaften im Cauca-Tal: „Die Bodenschätze gehören euch nicht. Die gehören der kolumbianischen Nation." Und sogleich übergab sie die Bodenschätze der Celanese Corporation. Nach einiger Zeit entstand im Cauca-Tal eine Mondlandschaft. Tausend Hektar indianischen Landes blieben unfruchtbar.

Im Amazonasgebiet Ekuadors verdrängt das Erdöl die Aukas. Ein Helikopter überfliegt den Urwald mit einem Lautsprecher, der in

Auka-Sprache verkündet: „Es ist die Zeit gekommen, aufzubrechen..." Und die Indios befolgen den Willen Gottes.

Die Menschenrechtskomission der UNO warnte 1979 in Genf: „Es ist zu befürchten, daß der größte der überlebenden Indianerstämme innerhalb von zwanzig Jahren ausstirbt, sollte die Regierung Brasiliens nicht ihre Pläne ändern." Die Kommission bezog sich auf die Yanomani, in deren Gebiet man Zinn und andere seltene Erze entdeckt hatte. Aus demselben Grund gibt es heute nur noch weniger als zweihundert Nambiquara, und am Anfang des Jahrhunderts waren es noch fünfzehntausend. Die Indios sterben wie die Fliegen, wenn sie mit den unbekannten Bakterien in Kontakt kommen, die von den Eroberern mitgebracht werden - genau so wie zu den Zeiten von Cortés und Pizarro. Die Entlaubungsmittel der Dow Chemical, von Flugzeugen aus versprüht, beschleunigen diesen Prozeß. Als die Kommission ihren pathetischen Aufruf in Genf losließ, wurde die FUNAI, die Behörde zum Schutze der Indios Brasiliens, von sechzehn Obristen geleitet - und sie beschäftigte vierzehn Anthropologen. Seitdem haben sich die Regierungspläne nicht geändert.

In Guatemala wurde -auf dem Land der Quiché- das größte Erdölvorkommen ganz Mittelamerikas gefunden. Die ganzen achtziger Jahre waren ein einziges, langes Massaker. Die Armee -die Chefs waren Mestizen, die Soldaten Indios- beschäftigte sich damit, Dörfer zu bombardieren und Leute zu vertreiben, damit Texaco, Hispanoil, Getty Oil und andere Firmen nach dem Erdöl bohren und es ausbeuten konnten. Der Rassismus verleiht der Plünderung die nötigen Vorwände. Sechs von zehn Guatemalteken sind Indios, aber in Guatemala wird das Wort „indio" als Schimpfwort benutzt.

Schon beim ersten Mal, als ich in Guatemala-Stadt ankam, spürte ich, daß ich in einem Land war, das sich selbst fremd ist. In der Hauptstadt habe ich nur ein einziges wirklich guatemaltekisches Haus kennengelernt, mit schönen Holzmöbeln, Decken und Wandteppichen der Indios und handgefertigtem Geschirr aus Kristall und Ton: nur ein einziges Haus, das nicht vom Plastikschund im Miami-Stil erobert war - das Haus einer französischen Lehrerin. Aber kaum entfernt man sich nur etwas von der Hauptstadt, da entdeckt man die grünen Zweige am alten Baumstamm der Mayas, der wie durch ein Wunder weiterhin steht, trotz der unerbittlichen Axthiebe, die er Jahr für Jahr, Jahrhundert für Jahrhundert erlitt. Die herrschende Klasse -vom schlechten Geschmack beherrscht-, meint, daß die traditionnellen und schönen Trachten nur alberne Verkleidungen sind, gerade gut genug für den Karneval oder das Museum, ebenso wie man die Hamburgers den tamales, den Maispasteten, und die Coca Cola den Fruchtsäften vorzieht. Das offizielle Land, das vom realen Land lebt, aber sich seiner schämt, möchte es abschaffen: es betrachtet die Eingeborenensprachen als einfältige, gutturale Laute und die Religion der Eingeborenen als Götzendienerei - weil für die Indios jeder Erdflecken eine Kirche ist und jeder Wald ein Tempel.

Wenn die guatemaltekische Armee -Häuser, Ernten und Tiere zerstörend- durch die Maya-Dörfer zieht, dann verwendet sie besondere Energie darauf, Kinder und Alte systematisch zu ermorden. Es werden Kinder getötet, wie man die Maisfelder bis auf die Wurzeln niederbrennt: ,,Wir werden nicht einmal den Samen lassen", erklärt Oberst Horacio Maldonado Shadd. Und jeder Alte verkündet die unverzeihliche Tradition der Gemeinschaft und die nicht minder unverzeihliche Tradition, in übereinstimmung mit der Natur zu leben. Die Mayas bitten noch heute den Baum um Vergebung, wenn sie ihn fällen müssen.

Die Repression ist eine grausame Zeremonie des Exorzismus. Man braucht sich nur die Photos anzusehen, die Gesichter der Offiziere und der großen Figuren: diese von ihrer Kultur desertierten Indio-Enkel träumen davon, George Custer oder Buffalo Bill zu sein, und trachten danach, Guatemala in einen riesigen Supermarkt zu verwandeln. Und die Soldaten? Haben die nicht etwa das selbe Gesicht wie ihre Opfer, die selbe Hautfarbe, das selbe Haar? Es sind Indios, zur Demütigung und zur Gewalt ausgebildete Indios. In den Kasernen findet die Metamorphose statt: zuerst verwandelt man sie in Kakerlaken, später dann in Raubvögel. Schließlich vergessen sie, daß jedes Leben heilig ist. Sie reden sich ein, das Grauen liege in der natürlichen Ordnung der Dinge.

Der Rassismus ist kein trauriges Privileg Guatemalas. *In ganz Amerika, von Norden bis Süden, erkennt die herrschende Kultur die Indianer als Studienobjekte an, aber nicht als Subjekte der Geschichte: die Indios haben Folklore, aber keine Kultur; sie haben ihren Aberglauben, aber keine Religion; sie sprechen Dialekte, aber keine Sprachen; sie machen Kunst-Handwerk, aber keine Kunst.*

Vielleicht können die bevorstehenden Feierlichkeiten zu den fünfhundert Jahren dazu beitragen, all' das wieder auf die Beine zu stellen, was auf dem Kopf steht. Nicht um die Weltordnung zu bestätigen und das Selbstlob der Machthaber zu fördern, sondern um sie anzuschwärzen und sie zu verändern. Dazu müßten aber die Besiegten gefeiert werden, und nicht die Sieger. Die Besiegten und jene, die sich mit ihnen identifizierten - wie Bernardino de Sahagún, oder jene, die mit ihnen lebten, wie Bartolomé de Las Casas, Vasco de Quiroga und Antonio Vieira, und jene, die für sie starben, wie Gonzalo Guerrero, der erste eroberte Eroberer, der seine letzten Tage damit verbrachte, an der Seite seiner auserwählten Brüder in Yucatán zu kämpfen.

Und vielleicht können wir uns so, ein klein wenig, dem Tag des Gerichts nähern, auf den die Guaranís, die das Paradies suchen, schon immer warten. Die Guaranís glauben, daß die Erde eine andere sein will, neu geboren sein will, und deswegen fleht die Erde den Ersten Vater an, den blauen Tiger loszulassen, der unter seiner Hängematte schläft. Die Guaranís glauben, daß dieser gerechte Tiger irgendwann diese Erde zerstören wird, damit eine andere Erde -ohne Leid und ohne Tod, ohne Schuld und ohne Verbot- aus ihrer Asche geboren werde. Die Guaranís glauben, und ich auch, daß das Leben sicherlich dieses Fest verdient.

(1987)

Berühren Sie diese Hand.

Diese Hand, die den Bauch abtastet, den Kopf findet und das Kind aufrichtet, wenn es schlecht kommt. Diese Hand, die der Frau Ruhe und Kraft vermittelt, während sich ihr Körper öffnet, und die danach Zimt- oder Lavendeltee anbietet. Diese Hand, die dem Neugeborenen ein bißchen Honig anbietet, damit dies der erste Geschmack der neuen Welt sei. Diese Hand, die den Mutterkuchen vergräbt, der wie *frisch ausgerissene Wurzel ist, mit viel Erde drumherum, und zur Erde zurückkehrt.*

Diese Hand, die Geburten schenkt. Gibt es einen schöneren Beruf ?

Es ist schon alt, das erste Kerlchen, das ich sah. Tausende habe ich geholt. Zwillinge, drei Mal. Niemals habe ich es wegen der paar Münzen gemacht. Wenn mich jemand denn mit einem Huhn bezahlen wollte, habe ich es sehr gerne angenommen, und dieses Huhn war eine Kuh für mich. Weiter draußen, da habe ich oft geholfen, alleine und bei Mitternacht. Mit heißem Nagel verbrannte ich den Nabel. In den alten Zeiten gab es nichts anderes. Ich habe von meiner Oma gelernt, die mir sagte: ,,Schau, Enkelin. Ich werde sterben. Lern', um dir zu helfen und anderen zu helfen". Ich bin vom Ende der Welt. Ich werde schon nicht mehr viel taugen. Es sind die Jahre. Aber ich werde es anderen beibringen. Diesen Stolz habe ich. Bis Gott mir das Leben nimmt. So weit mal.

Wenn die Nicaraguaner alte Zeiten sagen, sprechen Sie von vor vier Jahren:

Es gab keine Spritze, ein Nichts.

Grüne Berge rund herum, und Mauern von Kugeln zerfetzt: in der Stadt Estelí, noch von der Lepra des Krieges gezeichnet, erneuern die Hebammen aus der Umgebung ihre Instrumententaschen von Unicef. Die Hebammen aus dem Volk, die comadronas, sie hatten beim ersten Mal Angst, als sie gerufen wurden. Die Ausübung des Hebammenberufes war verboten. Man mußte Ärzte zahlen, die nie kamen, man sollte Krankenhäuser aufsuchen, die es nicht gab. Aber 1979 rief die Revolution, die gerade die Somoza-Diktatur gestürzt hatte, die Hebammen eben nicht, um sie festzunehmen, sondern um ihnen Kurse und Diplome zu erteilen. Jetzt kommen sie immer; und manche kommen von der Kriegsfront, aus der Höhle des Löwen:

Ich habe mit mir angefangen. Ich sah mich alleine. So bekam ich siebzehn Kinder. Und dann mußte ich für andere gebären, weil dort im Tal von Bramadero, da war niemand, um den Nabel, herzurichten. Mein Wissen war die Natur, aber jetzt gebe ich Spritzen und habe Jodtinktur. In den alten Zeiten hörte keine der Frauen auf einen. Und es wurde auf dem Boden geboren, wo gerade Platz war, und viele von den kleinen Süßen starben. Wir ändern jetzt vieles, wir sind mitten dabei, vieles zu ändern. Aber uns blieben nur Ruinen übrig, wir sind arm, und jetzt wieder Krieg. Ich sage Ihnen: Wir haben die Hand am Pflug, und wir werden nicht wieder aufgeben. Ich sage Ihnen, was Christus sagte. Und fragen Sie mich nichts mehr, weil ich sehr nervös lebe, in letzter Zeit. Man hat mir soeben einen Sohn umgebracht. So weit mal.

Dies ist ein Tag der Freuden. Die Hebammen sind nach Estelí gekommen, um etwas zu feiern, das sich wirklich lohnt. Letztes Jahr waren in dieser Gegend fünfundzwanzig Babies gefallen - von Tetanus niedergestreckt. Dieses Jahr kein einziges. Die Hebammen schneiden keine Nabelschnur mehr mit der Machete ab, verbrennen die Schnur auch nicht mehr mit Talg und verknoten sie auch nicht mehr, ohne vorher zu desinfizieren. Und auch die Impfungen waren entscheidend: die Impfung schwangerer Frauen verleiht dem sich heranbildenden Kind Immunität.

Dieses Jahr kein einziges.

Wir haben den Tod besiegt, sagt der Regierungsvertreter während der Versammlung. *Und eine Revolution ist genau das: den Tod besiegen.*

Noch ansteckender als die Pest

Die Gesundheit in Nicaragua ist nicht mehr eine Frage der Barmherzigkeit. Die Opfer werden zu Protagonisten. Siebenundachtzigtausend Freiwillige beteiligten sich an der Kampagne gegen die Malaria: in drei Tagen wurde die Arbeit von fünf Jahren erledigt. Die Gesundheit aller geht alle an, und alle kümmern sich darum. Während der Impftage, genau so wie bei der Alphabetisierungskampagne, gehen die Brigadisten von Haus zu Haus und erreichen die entlegensten Winkel. Im Jahr 1981 haben sie in Ciudad Sandino, einem Vorort von Managua, singend geimpft. Wenn die kollektive Energie befreit wird, wirkt die Solidarität noch ansteckender als jede Pest. Ein armes Land, schwer krank, verwandelt sich und überwindet den Egoismus.

„Sie sollen uns einen Mühlstein an den Hals hängen"

Ein armes Land, zerstört von Diktaturen, Kriegen und Erdbeben. Ein belagertes Land. Aber die Mobilisierung des Volkes vermehrt die Brote und die Fische. Schließlich kostet es, um ein Beispiel zu nennen, nicht mehr als zwanzigtausend Dollar, um *alle* nicaraguanischen Frauen im fortpflanzungsfähigen Alter gegen Tetanus zu impfen; zwanzigtausend Dollar, das ist so viel, wie die Welt *in einer Sekunde* für Waffen ausgibt.

Nicaragua hat in vier Jahren einen großartigen Rückgang der Kindersterblichkeit erreicht. Es bleibt noch viel Weg zu gehen; aber die Kinder stehen im Mittelpunkt des Prozesses, der mit dem Sturz der Somoza-Diktatur begann. *Wenn dem nicht so wäre,* erklärt der Comandante Tomás Borge, Minister der sandinistischen Regierung, *wäre es besser, sie hängten uns einen Mühlstein an den Hals, wie es in der Bibel steht, und schmissen uns ins Meer.*

Die Kinder starben wie die Fliegen. Das war eine Gewohnheit. Die Statistiken der Regierung hingen von dem Einfallsreichtum der Beamten ab. Durchfall, Fieber und Erbrechen vernichteten viele -soeben geborene- Leben, und die offiziellen Zahlen nahmen die meisten dieser Fäle nicht zur Kenntnis. Kurze Zeit nach dem Triumph der Revolution entdeckten die Ärzte, daß alle Kinder eines Armenviertels Managuas Symptome der Tuberkulose hatten; und in manchen Dörfern auf dem Land, wie zum Beispiel Raití, hatten acht von je zehn Einwohnern die Tuberkulose.

Eine Revolution ist eine Offenbarung. Die Nicaraguaner entdekken ihr eigenes Land. Wieviele Tuberkulose-Kranken gibt es in

Nicaragua ? Das weiß man noch nicht so genau; je mehr man sich darum kümmert, desto mehr Kranke werden entdeckt. Der Kampf gegen die Tuberkulose wird lang und zäh sein in einem Land, wo die Milch, die Eier und das Fleisch für einen großen Teil der Bevölkerung noch außerirdischen Gegenständen gleichen, wie fliegende Untertassen. Aber die Masern töten schon niemanden mehr, die Kinderlähmung ist verschwunden und die Zahl der Malaria-Kranken auf ein Drittel gesenkt.

Von je zehn Nicaraguanern, die starben, hatten vier noch nicht das erste Lebensjahr vollendet. Von diesen vieren starben jeweils zwei wegen einer Darmentzündung. Der Durchfall war noch 1979 die kriminellste, weil wichtigste Todesursache bei Kindern. Im Jahr 1982 stand er an dritter Stelle, und 1983 sogar nur noch an vierter Stelle der Statistik.

Fernando, der Arzt und Dichter

Anfang 1980 wurde Fernando ins Dorf Tortuguero geschickt, ans Ufer des Kakarawala-Flußes, weil die Masern dort übel zuschlugen.

Dort hatten sie noch nie einen Arzt gesehen.

Fernando improvisierte ein Feld-Krankenhaus, gab Impfungen und verteilte Medikamente. Zwei Wochen reichten ihm für den Krieg gegen die Masern, aber die dann einsetzenden Regenfälle zwangen ihn, zu bleiben. Es regnete wie für alle Ewigkeit.

Die Zeit verging, und Fernando war weiterhin vom Regen eingeschlossen. Als die Medikamente ausgingen, heilte er mit Kräutern. Fernando bekämpfte Entzündungen mit dem Harz einer bestimmten Baumrinde, und gegen Zahnschmerzen verwendete er die Säure eines Blattes. Mit Blütentee heilte er den Husten. Das auf dem Feuer geschmolzene Hühnerfett beruhigte die Brustschmerzen. Gegen Kehlkopfentzündungen verschrieb er Zuckerrohr-Melasse. Der Staub des Orleanstrauchs ist gut zum einfärben, aber er hilft auch gegen Entzündungen. Die Butter aus den Orangenblüten dient als Balsam.

Mit der Salzlösung, die er mitgebracht hatte, rettete er viele von Durchfall sterbenskranke Kinder. Als die Salzlösung ausging, stellte er eine hausgemachtes Lösung her, aus abgekochtem Wasser, Zukker und Salz, in dem Verhältnis zueinander, wie die Experten von Unicef es empfahlen; und er zeigte den Leuten, wie man sie zubereitet und anwendet.

Eine Kalebasse, um die Medizin zu erklären

Nicaragua ist das erste Land, das gegen den Durchfall *landesweit* mit der Methode mündlich verabreichter Re-Hydratation vorgeht. Es gibt dreihundertsechsundfünfzig sogenannte Einheiten von oraler Rehydratation, die über das ganze Land verteilt sind, und eine unendliche Zahl von Volkszentren zur Verteilung der Salzlösung. Die Gesundheitsbrigadisten tragen in ihren Rucksäcken die -von der Unicef gespendeten- Beutel mit der Lösung, und sie bringen auch den Menschen bei, die Salzlösung selbst zuzubereiten. Um die Symptome der Magen- und Darmentzündung zu erklären, benutzen sie eine Puppe: eine Kalebasse wird zu einem Menschenkopf. Die Kalebasse ist oben offen und hat verschiedene, mit Pfropfen geschlossene Löcher. Die Brigadisten füllen die Kalebasse randvoll mit Wasser und decken sie oben mit einem Lappen zu. Dann öffnen sie die Augenlöcher und die Kalebasse weint, und durch ein anderes Loch uriniert sie, und durch ein weiteres erleidet sie den Durchfall. In dem Maße, wie das Wasser abfließt, sinkt der Lappen, so wie sich die Schädeldecke eines ausgetrockneten Kindes absenkt, und dann weint die Kalebasse ohne Tränen und uriniert nur wenig oder gar nicht mehr.

Wirksame Aufklärungskampagnen erklären, daß das Kind stirbt, genau so wie eine Pflanze, wenn es austrocknet. Die Tradition und so mancher Arzt empfahlen bei Kinderdurchfall eine Hungerkur. Jetzt weiß man, daß es umgekehrt richtig ist.

In den alten Zeiten hatte man bereits versucht, die Therapie oraler Rehydratation anzuwenden. Es klappte nicht. Die Mütter überwanden riesige Entfernungen, bis sie einen der wenigen Ärzte oder eines der seltenen Krankenhäuser erreichten, und dort fühlten sie sich betrogen:

- *Wie bitte? Ich bringe meinen Schatz von so weit, daß er mir fast stirbt, und Sie geben mir nur dieses Wässerchen? Nicht einmal ein Medikament geben Sie mir? Nicht mal eine Spritze geben sie ihm? Diese ganze Reise umsonst.*

Eine Persönlickeit namens URO

Der Regen trommelt auf das Fahrerhaus des LKWs, der durch den Wald hoppelt. Dies ist die Gegend mit den Goldminen, südlich von Bonanza. Der Urwald legt sich sanft über die Berge, und der LKW folgt ihm, über halb zerfallene oder überschwemmte Brücken, und so lassen wir einige Dörfer mit auf Stelzen gebauten Holzhäusern hinter uns. Mit der Hand als Schutz über den Augen schaffe ich es, durch den Regen hindurch die überwältigende Landschaft zu erspähen. Diese Welt scheint von einem Gott geschaffen worden zu sein, der sich sonntags der naiven Malerei widmete.

Hitze mit Regen ist Winter. Hitze ohne Regen ist Sommer. Es regnet viel, viele Monate, im Urwald an der Atlantik-Küste. Der Regen bringt Leben, das überall gewaltig sprießt, aber er verbreitet auch den Durchfall und die Malaria. Die Tümpelwasser werden zu Brutstätten für Fliegen und Mücken, der Regen reißt den Müll und die Exkremente mit sich, und dieses von den Goldsuchern verseuchte Wasser tritt über die Ufer.

Wieviele Kinder hatten Sie ?

Zehn.

Wieviele sind ihnen gestorben ?

Vier verlor ich.

Dieser Dialog wiederholt sich. Die Zahlen wechseln: zwölf Kinder, fünf Tote; acht Kinder, vier Tote. Und so weiter.

Zwischen Häusern, die Schiffen ähneln, unterhalten wir uns mit einer Frau der Indio-Gemeinschaft der Wasminona, die einen Mädchenkörper hat, aber viel ältere Augen. Drei ihrer Kinder, erzählt sie, seien an Durchfall gestorben. Drei anderen Kindern wurde das Leben in einem Jahr durch den URO gerettet. Der URO, eine sehr bekannte Persönlichkeit in Nicaragua, dessen voller Name Unidad de Rehidratación Oral lautet, Einheit oraler Rehydratation, tritt in jeder dieser Urwald-Gemeinschaften auf.

Hier ist die Kriegsfront. Die Soldaten der gestürzten Somoza-Diktatur sind ganz nah. Ein Gewehr auf der Schulter trägt auch die Krankenschwester, die die verschiedenen Gesundheitszentren koordiniert und versorgt, wenn sie den Urwald zu Fuß oder auf einem Esel durchquert. Aus dem Dorf Zopilote sind Männer und Frauen an die Front marschiert. Die zuhause gebliebenen Frauen geben die

Brust. Mit der einen Brust stillen sie das eigene Kind, und mit der anderen das Kind der abwesenden Frau.

María, die Waschfrau

María hat so manches Kind an Durchfall sterben sehen: ohne jegliche Farbe, ausgetrocknet, nur noch Knochen, wie ein Fisch außerhalb des Wassers nach Luft schnappend.

Sie leitet ein URO in einem Arbeiterviertel Managuas. Vor vier Jahren sagten sie ihr:

Was kannst du schon wissen.

Da brachten Mütter Kinder mit eingefallener Schädeldecke, und sie gab ihnen die Salzlösung statt der Spritzen, und sie befühlte noch nicht einmal den Kopf, und sie tastete auch nicht mit den Fingern die Mundhöhle ab.

Als Verantwortliche für die Gesundheit in ihrer Zone sorgt sich die Waschfrau María auch darum, daß die Leute, die bisher noch keine Latrine eingerichtet haben, eine ausheben. Und sie organisiert Aktionen gegen Pfützen und Müllhaufen, und sie spricht mit jeder Mutter, die ihre Kinder noch nicht hat impfen lassen; mit jener Mutter, die meint, ihr Kind sei ausreichend beschützt durch die Macht Gottes, und mit jener anderen, die befürchtet, daß die Impfung die Entzündung erst ausbrechen läßt oder das Kind sogar tötet.

María hat gelernt, Schwangerschaften zu überwachen und die verschiedenen Stufen der Unterernährung zu erkennen. Durch Marías Hände gehen die Lebensmittel, die die internationale Hilfe zur besseren Ernährung der Schwangeren dieses Viertels bestimmt hat, und aus ihrem Mund kommen Wörter, die auch helfen: sie erklärt, daß es keine bessere Nahrung als die Muttermilch gibt, und sie bekämpft die Panik der Erstgebärenden, die sich davor ängstigen, daß ihr Busen ruiniert wird, und daß ihre Männer sie deswegen verlassen. María räumt die Zweifel bei denen aus, die noch glauben, daß die ersten gelblichen Tropfen der Milch nichts wert seien, oder daß die Milch einer erkälteten Frau dem Kinde schaden könne. Damit die Milch nicht versagt, sagt sie ihnen, muß man sich gut ernähren und mit der alten Gewohnheit brechen, in den ersten vierzig Tagen nach der Geburt nur Käse und Mais zu essen, in der Annahme, daß sonst das Blut anfinge zu stinken.

Ich frage sie nach der Gesundheitbrigade, die sie leitet:

Machen die Kinder mit ?

Sie sind nicht sehr Kinder. Sie sind schon erwachsen, so vierzehn Jahre alt.

María, die Waschfrau, hat nie auch nur einen Centavo verlangt für all' diese Mühe. Sie hat von zu viel Seife ausgebleichte Hände, und einen durch einen Unfall halb ruinierten Mann und sechs Kinder, *von denen die älteren mir leid tun, daß sie mir nicht mal Schuhe haben.*

Bei ihr zu Hause sind immer Kerzen angezündet unter den Bildern von Jesus und von Sandino.

María, die Waschfrau, redet, als wäre sie viele. Und sie ist es.

Denis, der Brigadist

Es war ein Tulpenfeld voller Farben, und er lief oder schwebte, als sei er gerufen. Da kam auf ihn zu ein Mann oder ein komisches Licht, welches ihn aufhob und auf den Armen trug. Denis hat es nie gefallen, daß man ihn trägt, aber in diesen Armen fühlte er sich bequem und sehr sicher.

Ich fragte ihn: „Wer bist du ?" Und er, nichts. Aber es war ein Fall, wie soll man sagen, von Vertrauen auf den ersten Blick. Ich hatte keine Angst. An diese Brust gedrückt, über dieses Tulpenfeld hinweg, fragte und fragte ich, und er, er schwieg und schwieg, bis er mir sagte: „Aber, merkst du nichts ?" Dann bin ich aufgewacht und hatte Flügel da auf dem Rücken.

Warst du glücklich ?

Eher besorgt. Aber ich hab' sie angefaßt, und da sind sie verschwunden.

Hat es dir nicht gefallen, mit Flügeln aufzuwachen ?

Schlimmer noch war es ein anderes Mal, als ich aufwachte und in einen Dinosaurier verwandelt war.

Denis ist elf Jahre alt. Er wohnt in einem Viertel von Managua. Mit seinen Freunden aus den Kinderbrigaden ist er von Tür zu Tür gegangen, auf der Suche nach noch ungeimpften Kindern; sie überredeten einige hartnäckige oder verängstigte Eltern, die befürchteten, daß die Impfung gegen die Kinderlähmung Gift sei oder ein Gebräu, um aus ihren Kindern Kommunisten zu machen. Im Kampf gegen die Malaria sammeln und verbrennen Denis und seine Freunde den Müll, greifen Sümpfe, stehende Gewässer und Pfützen an, beseitigen das Gestrüpp und säen Mandel- und Mangobäume, auch Weiden.

Hier gab es so viele Mücken, daß Sie beim Applaudieren jedes Mal fünf oder sechs töteten.

Erbschaft

Die Rettung von Kindern ist hier eine kollektive Aufgabe, möglich, weil das Volk zum ersten Mal an das glaubt, was es macht. Glaubt und schafft: indem die Gemeinschaft ihre schöpferische Energie entfaltet, entdeckt sie, daß sie imstande ist, Wörter in Taten umzusetzten.

Leicht ist es nicht. Trotz der großen internationalen Solidarität fehlen zum Beispiel Ärzte und Krankenhäuser. In Managua müssen die mit irgendeiner Anomalie geborenen Kinder zu zweit in einer Wiege liegen, und in der Kinderchirurgie ist kaum Platz, um die kleinen Patienten nach der Operation mehr als drei Tagen zu behalten.

Aber die materiellen Schwierigkeiten, die so zahlreich sind und die noch vermehrt werden durch den ständigen Krieg, sie sind nichts im Vergleich zu den anderen: es gibt keinen Zauberstab, der mit einem Male die Tradition der Ineffizienz und des Fatalismus auslöschen könnte. Jahrhundertelang wurde dieses Land zum Gehorsam erzogen, nicht aber zum Denken, und dazu, die Geschichte zu ertragen, anstatt sie zu machen. Alles war so organisiert, daß ein jeder sich mit dem Leben begnügte, das ihm zufiel, das Mißgeschick und den frühen Tod akzeptierte wie den Regen im Winter und die Sonne im Sommer.

Die rasche Alphabetisierungskampagne bewies von Anbeginn, daß die Revolution eine Begeisterung ist, die stärker ist als alle Schwierigkeiten.

Der böse Blick

Die Kühe, die mit den kleinen Höckern, laufen über die Strasse.
Außerhalb der Stadt spielen nackte Kinder; sie haben dicke Bäuche,
die Arme und Beine aber sind wie Stecknadeln. Der Kaffee wächst
im Schatten der Orangenbäume. Wir sind nahe bei Juigalpa. Das ist
die Gegend im Zentrum Nicaraguas, wo ein Dichter die Bäche aus
Milch und die Steine aus Quark besang.

Bis vor kurzem gab es in dieser Gegend nichts anderes gegen
den Durchfall als die kleinen Wurzeln der Mimose und der
Minze,und einen Anis gegen den Husten und die Brustschmerzen.
Noch glaubt man, daß der Durchfall nicht die Schuld des Hungers,
des Drecks und der Fliegen sei, sondern daß er vom bösen Blick
des betrunkenen Mannes oder der menstruierenden Frau kommt.
Wer das Kind mit dem bösen Blick behext, kann es retten, wenn
er es später anspuckt.

Gleich sofort

Besorgt versammeln sich die Delegierten der Volks-Organisationen
in Juigalpa. Die Dinge laufen nicht gut. Es ist nötig, eine neue
Kampagne gegen den Durchfall der Kinder zu starten. Es gibt einige
Einheiten oraler Rehydratation in der Gegend, aber zu wenig Bri-
gadisten; und diese kämpfen gegen die Nachlässigkeit und das
Schildkröten-Tempo.
Sie wollen alles serviert bekommen.
Die freiwilligen Brigadisten erklären, daß die selbstgemachte
Salzlösung aus einem Liter abgekochten Wassers gemacht wird, und
daß ein Flaschendeckel als Maßeinheit dient, sieben Maß Zucker,
ein Maß Salz, um die Mischung zuzubereiten. Aber hauptsächlich
erklären und zeigen sie, daß man Erziehung und Gesundheit nicht
geschenkt bekommt, sondern mit allen gemeinsam erobern muß.
Auf dem Weg zur Hazienda „Die Millionen" kommen wir durch
Villa Sandino; früher hieß die Stadt Villa Somoza. Wir fragen nach
dem Weg:
Dort, gleich sofort nach der kleinen Steigung.
Dieses Gleich-sofort stellt sich dann als ein Viel später heraus.

Endlich erreichen wir „Die Millionen", so genannt wegen des hohen Gewinns, den der Eigentümer machte, verheiratet mit einer Frau aus jener Familie, die über vierzig Jahre in diesem Land die Diktatur ausübte. Der Mann verkaufte alles, sogar die Aschenbecher, und flüchtete, kaum daß der Wind ihm ins Gesicht blies.

Jetzt gibt es auf der Hazienda eine Gesundheitsstation, einen Speisesaal für Kinder und Latrinen für die Arbeiter. Aber die Latrinen sind voller Fliegen, und die Kinder laufen barfuß umher. Ihre dicken Bäuche verraten Parasiten.

Die Medikamente helfen nichts, wenn neue Parasiten am nächsten Tag durch die Fußsohle eindringen.

Jesús, der Maurer

Dürre Hunde hecheln. Dreck und Sonne, und zwischen den Alleen, die dem Urwald gleichen, stehen ein paar schnell errichtete Häuser, vier Mal Brett, drei Mal Blech, zwei Mal Steine. Auf dem Weg zum Markt tragen die Frauen Früchte auf ihren Köpfen. Man sieht Männer im Schatten der Bäume liegen, in einem ewigen Sonntag. In diesem Bezirk von Pochocuape fehlen Brigadisten, die den Leuten beibringen, daß den Kindern die Schädeldecke wegen der Dehydrierung absinkt und nicht wegen der heftigen Sprünge oder wegen böser Verwünschungen, und daß die Muttermilch, die nicht zu sättigen scheint, die Kinder kräftig wachsen läßt. Aber Jesús, der Maurer, und andere Freiwillige haben die Schule aufgebaut, die früher auf einem einzelnen Baumstamm stattfand. Sie haben das steile Flußufer gesäubert und alle Welt geimpft.

Jesús, der Maurer, dünn, nur Backenknochen, lebt davon, Mauern hochzuziehen. Er sät auch Tomaten und Bohnen und arbeitet in allem, was anfällt. Ich frage ihn, wieviele Kinder er hat. Vier in der Ehe, sagt er, und ein weiteres außerhalb, das gestorben sei:
Gestern.
Es hieß Merlin und war drei Monate alt:
Das Herz ist ihm ermüdet.

Melania, die Marktfrau

Auf dem Ost-Markt von Managua verkauft Melania Bonbons und Maisflocken mit Honig. Sie stillt das vor kurzem geborene Kind. Es ist das dritte. Eines starb, und das andere lebt, behindert, mit hängendem Kopf, die Augen eingefallen, mit den Armen rudernd.

Was ißt Melania jeden Tag? Bis ihr Kind vierzig Tage alt wird, ißt sie nichts anderes als Maisfladen und verdickte Milch. Weder Bohnen noch Früchte, noch Eier. *Der Arzt hat es mir gesagt.* Welcher Arzt?

Sie antwortet, lächelnd: *Meine liebe Großmutter.*

Der Segen der Brust

Die Unterernährung, maskierte Schwester des Hungers, bestraft immer noch sieben von je zehn Kindern in Nicaragua. Und nicht nur wegen des materiellen Elends. Auch wegen der Tabus; und wegen gewisser kommerzieller Werbung, die über so viele Jahre dazu verleitete, die Pulvermilch aus der Büchse der Muttermilch vorzuziehen und synthetische Erfrischungen statt der Fruchtsäfte und der Kuhmilch zu trinken.

Die Ärzte erzählen mir. Mit Hilfe von Sozio-Dramen und Comic-Zeitschriften wird den Frauen beigebracht, daß ab dem dritten, vierten und fünften Monat das Kind außer der Muttermilch noch andere Nahrung braucht. Aber viele Menschen glauben, daß die Bohnen das Blut des Kindes verschmutzen und daß der Zitronensaft es gerinnen läßt, daß die Eier Magenschmerzen verursachen und daß das Gemüse für die Kühe sei.

Orlando sagt mir, daß man in seiner Gegend glaubt, die Milch führe zu Durchfall und Amöben, und Lilian erzählt mir von dem Fall einer Schwangeren, die sich weigerte, Milch zu trinken, weil sie fürchtete, ihr Kind würde mit Butter verschmiert zur Welt kommen. Mauricio hat im Krankenhaus tausende und abertausende von Frauen gesehen, die zur Geburt Flaschen mit rotem Sprudelwasser mitbrachten, pures Anilin, weil sie glaubten, es sei Blut, oder weil sie nicht wußten, daß die Werbung, die ihnen Vitamine versprach, schlicht lügt.

Ein Regierungsdekret hat kurzerhand die aufkommende Trokkenmilch-Werbung unterbunden, die die Mütter dazu verleitete, ihrer eigenen Milch zu mißtrauen; und eine groß angelegte Kampagne erklärt, daß die Muttermilch Abwehrkräfte auf das Kind überträgt, daß sie sich einen ganzen Tag ohne Kühlung hält und daß sie die beste Nahrung für ein Neugeborenes ist - was auch immer sie sagen mögen, der Mann oder die Schwiegermutter. Außerdem, und das ist schon schwieriger zu erklären, verbindet die Brust die Mutter mit dem Kind und verleiht diesem wundersame Vitamine, die in keinem Laborbefund auftauchen würden. In einem altem Krankenhaus von Managua geschah es schon manchmal, daß die Mütter ihre Kinder nach der Geburt verließen. So war es, bis die Wiegen den Müttern an die Betten gestellt wurden. Seitdem ist keine Mutter mehr geflüchtet.

Ein Theater, um das Medikament zu erklären

Über einen Weg durch die Vulkane mit den weißen Spitzen haben wir Jinotepe erreicht. In einer Versammlung von Krankenschwestern bitte ich darum, mir vorzuführen, wie sie die Menschen zu überzeugen versuchen. Da improvisieren sie Sozio-Dramen. Eine jede von ihnen wird, für eine kurze Zeit, Hauptdarstellerin in einem Theater wechselnder Rollen. Zwei typische Situationen: das ausgetrocknete Kind mit der Mutter, die der Salzlösung mißtraut, und die Schwangere, die zum ersten Mal kommt, *um sich den Bauch untersuchen zu lassen.* Mimik und Wörter, Humor und Liebe.

In diesem Land ist jede Krankenschwester oder Aushilfsschwester eine wandelnde Poliklinik und eine geborene Darstellerin.

Nora, die Schneiderin

Sie bringt ihnen das Kochen bei.

Nora ist Schneiderin, Chirurgin alter Kleider, und davon lebt sie. Außerdem, als Aktivistin des Frauenverbandes, lehrt sie Kochen. In Jinotepe selbst und in der näheren Umgebung verbreitet Nora Gerichte, die man wenig oder gar nicht kennt und die zugleich eine

Freude des Gaumens und ein Quell guter Gesundheit sind. Nora zieht durch die Küchen der Viertel und Dörfer und führt vor. Jede Nachbarin bringt eine der notwendigen Zutaten mit für das Gericht des Tages.

Heute, den Fest-Salat.

Man ißt nicht, um den Hunger zu täuschen, sondern um das Leben zu genießen und zu verlängern. Wenn es bestimmte Gewürze nicht gibt, benutzt man eben Blätter des Zitronenbaums im Garten, und wenn es keine Kartoffeln gibt, umso besser, so kommt die -in Nicaragua kaum bekannte- Süßkartoffel zu Ehren.

Um die Unterernährung zu bekämpfen, die so viele Kinder tötet oder verkrüppelt, ist es beispielsweise nötig, Gemüse und Früchte dem üblichen Speiseplan beizugeben, ebenso Fisch, den es so zahlreich in diesem Land von Meeren und Seen gibt. Über den Frauenverband verteilt die Regierung Saatkörner für Kopfsalat, Weißkohl, Tomaten, Radieschen, Gurken und Mohrrüben, um sie in den Gärten auf Terrassen zu säen, in der Erde oder in Töpfen - in Familiengärten, die als Schutzschild gegen Mangel und Spekulation dienen. Und sie verteilt auch Saatkörner des Kürbisses. Und der Schwangeren, die sich davor fürchtet, die Blume des Kürbisses anzublicken, weil doch der Überlieferung zufolge die Pflanze eingeht, wenn eine Schwangere sie mit den Augen berührt, -ihr sagt man:

Siehe hin.

Nora, die Näherin, lehrt Fisch und Fleisch zu kochen mit solcher Kunstfertigkeit, daß einem das Wasser im Munde zusammenläuft, und sie erklärt, daß die Zwiebel ein starker Gegner der Anämie, der Parasiten und der Mikroben ist. In letzter Zeit trägt Nora Sojakerne mit sich. Mit den Sojakernen bringt sie die gute Nachricht: ein halbes Kilo dieser exotischen Soja, die zu einem Spottpreis verkauft wird, entspricht fünfundzwanzig Eiern oder fünf Litern Kuhmilch. Man wäscht die Sojakerne und läßt sie im Wasser bis zum nächsten Tag, und danach verwandeln sie sich in unzählige Leckereien, durch das Werk der Hände und mit der Hilfe des Feuers. Aus der Sojamilch macht man Erfrischungen und Eis, und der Sojakäse läßt sich mit allem paaren und nennt sich „Hier erwarte ich dich", wenn er sich mit dem Kohlkopf und dem Eiweiß vermählt. Aus der Sojamasse entstehen Suppen, Torten, Gehacktes, Eintöpfe und Süßigkeiten.

Cremes, Brote und Marzipan werden aus den gerösteten Körnern geboren. Die ganze Soja ist verrückt nach der Bohne, und die grüne Soja verfolgt den Reis. Die Sojasprößlinge ...

Hat einen Geschmack nach neuem Mais, und wenn man nur ein bißchen davon ißt, fühlt man sich schon so, als würde man von einem Bankett kommen.

Cándida, die Hebamme

In diesem Dorf Santo Tomás - wer ist da nicht durch die Hände Cándidas zur Welt gekommen ?

Mit den Hebammen von Estelí habe ich diese Reise begonnen, und mit der Hebamme von Santo Tomás beende ich sie, während in Nicaragua mehr geboren und weniger gestorben wird.

Das wichtigste sind die Worte und das richtige Händchen, sagt sie mir.

Und als wir uns über die Plazenta unterhalten, die die Hebammen in Nicaragua immer beerdigen, sagt sie mir, daß der Mutterkuchen keineswegs beerdigt wird, weil er tot sei. Er ist noch lebendig und er muß gut begraben werden, an einer trockenen Stelle, wo die Sonne stark draufscheint. Wenn man es nicht so macht, wird die Frau, die geboren hat, sehr große Bauchschmerzen bekommen. Die Plazenta muß man gut begraben, damit sie zu Erde wird, wie wir es sein werden, erklärt mir Cándida, weil die Plazenta ein lebendiger Teil der Mutter ist. Und wenn man die Sache richtig macht, wächst der andere lebendige Teil der Mutter auf der Erde, und er erhebt sich auf beide Beine und wird zum Menschen, und wird sein.

(1983)

Wir kommen aus verschiedenen Ländern und sind hier im großmü-
tigen Schatten Pablo Nerudas versammelt: Wir sind hier, um das
chilenische Volk zu begleiten, das Nein sagt.

Auch wir sagen Nein.

Wir sagen Nein zur Lobpreisung des Geldes und des Todes. Wir
sagen Nein einem System, das Sachen und Menschen einen Preis
gibt, wodurch derjenige, der am meisten hat, auch am meisten wert
ist; und wir sagen Nein zu einer Welt, die jede Minute zwei Millonen
Dollar für Kriegswaffen ausgibt, während in jeder Minute dreißig
Kinder durch Hunger oder heilbare Krankheiten sterben. Die Neu-
tronenbombe, Sachwerte rettend und Menschen vernichtend, ist ein
perfektes Symbol unserer Zeit. Für das mörderische System, das die
Sterne der Nacht in militärische Ziele verwandelt, ist der Mensch
nichts als ein Produktions- und Konsumfaktor und ein Gebrauchs-
gegenstand, die Zeit nichts als eine wirtschaftliche Variable; und der
ganze Planet ist eine sprudelnde Quelle des Reichtums, die den
letzten Tropfen Saft hergeben muß. Die Armut vermehrt sich, um
den Reichtum zu vermehren, es vermehren sich die Waffen, die
jenen Reichtum beschützen -den Reichtum von wenigen, der die
Armut aller anderen in ihre Schranken verweist-, und es vermehrt
sich auch, währenddessen, die Einsamkeit: Wir sagen Nein zu einem
System, das kein Essen und keine Liebe bietet, das viele zum Hunger
auf Essen und noch mehr zum Hunger auf Umarmung verurteilt.

Wir sagen Nein zur Lüge. Die herrschende Kultur, welche die
großen Medien weltweit ausstrahlen, verleitet uns dazu, die Welt mit
einem Supermarkt oder einer Rennbahn zu verwechseln, wo der
Nächste eine Ware oder ein Gegner, aber niemals ein Bruder sein
kann. Diese verlogene Kultur, die dünkelhaft mit der menschlichen
Liebe spekuliert, um von ihr den Mehrwert abzuschöpfen, ist in
Wirklichkeit eine Kultur der Bindungslosigkeit: die Sieger sind wie
Götter, die Erfolgreichen sind die Herren des Geldes und der Macht,
und als Helden dienen jene uniformierten Rambos, die ihnen den
Rücken freihalten, indem sie die Doktrin der Nationalen Sicherheit

anwenden. Mit dem, was sie sagt und was sie verschweigt, lügt die herrschende Kultur uns vor, daß die Armut der Armen nicht das Ergebnis der Reichtümer der Reichen, sondern ein elternloses Kind sei - vielleicht vom Ohr einer Ziege abstammend oder vom Willen Gottes, der die Armen faul und dumm erschaffen hat. Ebensowenig ist die Demütigung mancher Menschen durch andere ein Grund zur solidarischen Entrüstung, weil sie nämlich zur natürlichen Ordnung der Dinge gehört: die lateinamerikanischen Diktaturen, zum Beispiel, sind Bestandteil unserer üppig wuchernden Natur und nicht des imperialistischen Machtsystems.

Die Verachtung verrät die Geschichte und verstümmelt die Welt. Die mächtigen Meinungsmacher behandeln uns, als gäbe es uns nicht, oder als ob wir nur blöde Schatten wären. Die koloniale Erbschaft zwingt die sogenannte Dritte Welt, bewohnt von Menschen dritter Kategorie, die Erinnerung der Sieger als die eigene zu akzeptieren und die fremde Lüge zu kaufen, um sie als eigene Wahrheit zu verwenden. Sie zeichnen unseren Gehorsam aus, sie bestrafen unsere Intelligenz und mißachten unsere schöpferische Energie. Wir kriegen die Meinung gesagt, dürfen aber unsererseits keine Meinung aussprechen. Wir haben das Recht, ein Echo zu sein, nicht aber die Stimme, und die Befehlsgeber loben unser Talent zum papageienhaften Nachplappern. Wir sagen Nein: wir weigern uns, diese elende Mittelmäßigkeit als unsere Bestimmung zu akzeptieren.

Wir sagen Nein der Angst. Nein zur Angst vor dem Wort, der Angst vor der Tat, der Angst vor dem Sein. Der sichtbare Kolonialismus verbietet uns zu sprechen, verbietet zu machen, verbietet zu sein. Der unsichtbare Kolonialismus, der effizientere, überzeugt uns, daß man nichts sagen darf, nichts machen darf, nicht sein darf. Die Angst verkleidet sich als Realismus: damit dieser nicht irreal wirkt, sagen uns die Ideologen der Ohnmacht, daß die Moral unmoralisch zu sein habe. Angesichts der Entwürdigung, der Misere und der Lüge, haben wir keine andere Möglichkeit als zu resignieren. Durch das Schicksal gezeichnet, werden wir als Faulenzer geboren, unverantwortlich, gewalttätig, dummdreist, pittoresk und zur militärischen Bevormundung verdammt. Allerhöchstens können wir es anstreben, im Gefängnis gute Führung zu beweisen - immerzu bereit, pünktlich die Zinsen der unermeßlichen Auslandsschuld zu zahlen, um den Luxus, der uns erniedrigt, und den Stock, der uns prügelt, zu finanzieren.

Und in diesem Zusammenhang sagen wir auch Nein zur Neutralität des menschlichen Wortes. Wir sagen Nein zu denen, die uns auffordern, die alltäglichen Kreuzigungen zu übersehen. Der langweiligen Faszination einer kalten und gleichgültigen -vom eigenen Spiegelbild faszinierten- Kunst, ziehen wir eine lebendige Kunst vor, die das menschliche Erlebnis in der Welt feiert und an ihm teilnimmt; eine unerbittlich verliebte und streibare Kunst. Wäre die Schönheit schön, wenn sie nicht auch gerecht wäre ? Wäre die Gerechtigkeit gerecht, wenn sie nicht auch schön wäre ? Wir sagen Nein zur Trennung von Schönheit und Gerechtigkeit, weil wir Ja zu ihrer starken und fruchtbaren Umarmung sagen.

Wir sagen Nein, und indem wir Nein sagen, sagen wir auch gleichzeitig Ja.

Indem wir Nein zu den als Demokratie verkleideten Diktaturen sagen, sagen wir Ja zum Kampf um die echte Demokratie, die niemandem weder das Brot noch das Wort verweigern wird, und die so wunderschön und gefährlich sein wird wie ein Gedicht von Pablo Neruda oder ein Lied von Violeta Parra.

Indem wir Nein zum würdelosen Frieden sagen, sagen wir Ja dem unantastbaren Recht der Rebellion gegen das Unrecht, und sagen Ja zu der langen Geschichte, so lang wie die Geschichte des Volkswiderstandes in Chile.

Indem wir Nein zu der Freiheit des Geldes sagen, sagen wir Ja zur Freiheit des Menschen: mißhandelte und verletzte Freiheit, tausendmal gestürzt, wie Chile, und wie Chile tausendmal aufgestanden.

Indem wir Nein sagen zum selbstmörderischen Egoismus der Mächtigen, die die Welt in eine riesige Kaserne verwandelt haben, sagen wir Ja zur menschlichen Solidarität, die uns ein universales Gefühl vermittelt - wir haben die Kraft der Brüderlichkeit, die mächtiger ist als alle Grenzen mitsamt ihren Wächtern: die Kraft, die uns im Sturm erobert, wie es die chilenische Musik schafft, ebenso wie uns der chilenische Wein umarmt.

Und indem wir der bitteren Verlockung der Enttäuschung Nein sagen, sagen wir Ja zur Hoffnung -der hungrigen, verrückten, verliebten und geliebten Hoffnung-, ebenso wie Chile: der hartnäckigen Hoffnung der Menschen Chiles, während sie die Nacht zerreißen.

(1988)

TROTZ ALLEDEM

1.

Lateinamerika ist keine Bedrohung mehr. Folglich hat es aufgehört, zu existieren. Nur selten geben sich die weltweit operierenden Fabriken der öffentlichen Meinung dazu her, uns eines Blickes zu würdigen. Und dennoch ist Kuba, das auch niemanden bedroht, eine universale Obsession.

Sie verzeihen Kuba nicht, daß es noch da ist, daß es, obwohl geschunden, weiterhin ist. Diese kleine Insel -einer grausamen Belagerung unterworfen, zum Tod durch Aushungern verurteilt- will sich nicht geschlagen geben. Aus nationalem Stolz ? Nein, keineswegs, erklären uns die Verständigen: aus selbstmörderischer Veranlagung. Mit der Schaufel auf der Schulter warten die Totengrä-ber. Ein so langes Warten irritiert sie. Im Osten Europas haben sie -von den Leichen selbst beauftragt- schnelle und perfekte Arbeit geleistet, und jetzt warten sie ganz ungeduldig darauf, die Erde - ohne Blumen- auf diese starrsinnige rote Diktatur zu schaufeln, die sich weigert, ihr Schicksal anzunehmen. Die Totengräber haben schon den Totenspruch vorbereitet. Nicht, daß die kubanische Re-volution eines gewaltsamen Todes gestorben sei, werden sie be-haupten, sondern daß sie sterben wollte.

2.

Am ungeduldigsten und wütendsten sind die Reumütigen. Ge-stern haben sie den Stalinismus mit Sozialismus verwechselt, und heute haben sie Spuren zu verwischen, eine Vergangenheit zu tilgen - die Lügen, die sie sagten, die Wahrheiten, die sie ver-schwiegen. In der Neuen Weltordnung werden die Bürokraten zu Unternehmern und die Zensoren konvertieren zu Vorkämpfern der Meinungsfreiheit.

3.

Nie habe ich Kuba mit dem Paradies verwechselt. Warum sollte ich es denn jetzt mit der Hölle verwechseln ?

Ich bin einer von vielen, die glauben, daß man Kuba lieben kann, ohne zu lügen oder zu verschweigen.

4.

Fidel Castro ist ein Symbol nationaler Würde. Sein Symbol ist für uns Lateinamerikaner, die schon fünf Jahrhunderte der Demütigung hinter sich haben, eine Herzensangelegenheit.

Aber Fidel sitzt seit vielen Jahren in der Mitte eines bürokratischen Systems, das die Monologe der Macht als Echo wiedergibt und die Routine des Gehorsams über die schöpferischen Energien siegen läßt; früher oder später hebt dann dieses bürokratische System -Einheitspartei, Einheitswahrheit- von der Wirklichkeit ab. In diesen Zeiten tragischer Einsamkeit, die Kuba erleidet, entlarvt sich der allmächtige Staat als all-ohnmächtig.

5.

Dieses System ist nicht aus dem Nichts geboren. Es stammt zum größten Teil vom imperialen Veto ab. Das System entstand, als der Revolution nichts anderes übrigblieb als sich zu verschließen, um sich zu verteidigen - zu einem Krieg gezwungen von denen, die Kuba verboten, Kuba sein zu wollen. Die ständige Belagerung von außen hat im Laufe der Zeit das System konsolidiert. Seit mehr als dreißig Jahren wird dieses imperiale Veto auf tausenderlei Weise ausgeübt, um die Verwirklichung des Projektes aus der Sierra Maestra zu verhindern.

Ein immerwährender Skandal der Heuchelei: seit jenen Zeiten wird Kuba ausgerechnet von denen einem Demokratie-Examen unterworfen, die sämtliche militärischen Diktaturen, die es je in Kuba gab, fabrizierten.

In Kuba sind Demokratie und Sozialismus geboren, um zwei Namen einer selben Sache zu sein; aber die Herrschsüchtigen dieser Welt erteilen nur die Freiheit, zwischen Kapitalismus und Kapitalismus zu wählen.

6.

Das Modell Osteuropas, das dort so leicht zusammenfiel, ist *nicht* die kubanische Revolution. Die kubanische Revolution, die weder von oben kam noch von außen aufgezwungen wurde, ist *aus den*

Menschen gewachsen, weder gegen sie noch ohne ihre Zustimmung. Deswegen konnte sich ein kollektives Nationalbewußtsein entwickeln: die unerläßliche Selbstachtung als Grundlage für die Selbstbestimmung.

7.

Die Blockade Haitis, mit Pauken und Trompeten im Namen der verletzten Demokratie angekündigt, war nur ein flüchtiges Spektakel - es währte nur kurz. Es war schon zuende, bevor Aristide hätte zurückkehren können. Es konnte auch nicht lange dauern: fünfzig US-amerikanische Firmen -ob nun Demokratie oder Diktatur- beuten die äußerst billige Arbeitskraft Haitis aus.

Dagegen hat sich die Blockade gegen Kuba mit den Jahren noch verschärft. Eine bilaterale Angelegenheit ? So sagt man; aber alle wissen, daß eine US-amerikanische Blockade heutzutage mit einer weltweiten Blockade gleichzusetzen ist. Kuba wird das Brot und das Salz, und auch sonst alles, verweigert. Und es bedeutet auch, obwohl viele das vergessen, *die Verweigerung des Rechts auf Selbstbestimmung.*

Der erdrückende Belagerungsring um Kuba ist eine *Form der Intervention* in seine inneren Angelegenheiten - die grausamste und effektivste überhaupt. Es erzeugt die Verzweiflung, fördert die Repression und entmutigt die Freiheit. Das wissen die Blockierer sehr wohl.

8.

Es gibt keine Sowjetunion mehr. Der Zucker kann nicht mehr zu einem gerechten Preis gegen Erdöl getauscht werden.

Kuba ist der Hilflosigkeit ausgeliefert. Die Blockade vermehrt den Kannibalismus des Weltmarktes, der nichts herausgibt und alles einstreicht. In die Enge getrieben, setzt Kuba auf den Tourismus. Und läuft dabei Gefahr, daß das Heilmittel schlimmer ist als die Krankheit.

Alltäglicher Widerspruch: die ausländischen Touristen genießen eine Insel innerhalb der Insel, wo es für sie alles gibt, was den Kubanern fehlt. Es werden wieder alte Wunden der Erinnerung aufgerissen. Es gibt Volkszorn -gerechten Zorn- in diesem Land, das Kolonie war, Bordell war, Spielhölle war.

Eine bedrückende Situation, ohne Zweifel: und weil sie in Kuba stattfindet, wird sie mit der Lupe betrachtet. Aber wer wagt es, den ersten Stein zu werfen ? Werden etwa nicht in ganz Lateinamerika die Privilegien der ausländischen Touristen als etwas ganz *Normales* angesehen ? Und schlimmer noch: wird der systematische Krieg gegen die Armen -an der Mauer, die die Hungernden von den Angsterfüllten trennt nicht ebenso *als normal* angesehen ?

9.
In Kuba gibt es Privilegien ? Privilegien der Touristen und auch, in gewissem Umfang, Privilegien der Macht ? Zweifellos. Aber Tatsache ist auch, daß es in Amerika keine gerechtere Gesellschaft gibt. Die Armut wird verteilt: es gibt kaum Milch, wie wahr, aber weder Kindern noch Alten mangelt es an Milch. Es gibt wenig zu essen, es fehlt Seife, und die Blockade kann auch nicht auf gleichsam wunderbare Weise alle auftretenden Engpässe erklären; aber mitten in der Krise gibt es weiterhin Schulen und Krankenhäuser für alle - was einem nicht leicht fällt, sich auf einem Kontinent vorzustellen, wo so viele keinen anderen Lehrer als die Straße und keinen anderen Arzt als den Tod haben.

Die Armut wird verteilt, sagte ich, und sie wird geteilt: Kuba ist noch immer das solidarischste Land der Welt. Kürzlich noch, um nur ein Beispiel zu nennen, hat Kuba seine Tore für die Haitianer geöffnet, die vor Hunger und Militärdiktatur flüchtend, von den USA zuvor abgewiesen worden waren.

10.
Zeit des Zusammenbruchs und der Ratlosigkeit; Zeiten der großen Zweifel und der kleinen Gewißheiten.

Aber vielleicht ist diese Gewißheit nicht so klein: Wenn sie aus dem Inneren geboren werden und von unten heranwachsen, enden diese großen Veränderungprozesse nicht auf dem Müllhaufen.

Zum Beispiel Nicaragua, das aus einem Jahrzehnt erstaunlicher Erhabenheit kommt: wird es vergessen können, was es an Würde, Gerechtigkeit und Demokratie gelernt hat ? Endet der Sandinismus mit einigen Führern, die es nicht verstanden haben, sich ihrer Heldentat würdig zu erweisen, und die Autos, Häuser und anderes öffentliches Eigentum für sich behalten haben ? Sicher ist der Sandinismus viel mehr als diese Sandinisten, die in der Lage waren, im Krieg ihr Leben hinzugeben, sich aber im Frieden unfähig zeigten, einige Sachen hinzugeben.

11.

Die kubanische Revolution erlebt eine wachsende Spannung zwischen den Kräften des Wandels, die sie in sich trägt, und ihrer versteinerten Machtstruktur.

Die Jugend, und nicht nur sie, verlangt mehr Demokratie. Nicht ein von außen aufgezwungenes Modell, von denen vorfabriziert, die den Gedanken der Demokratie als Vorwand für soziale Ungerechtigkeit und nationale Demütigung entwürdigen. Der wahre Ausdruck -nicht der formale- des Volkswillens sucht sich seinen eigenen Weg. Auf die kubanische Art und Weise - von innen und von unten.

Aber die Entfesselung dieser Kräfte des Wandels scheint nicht möglich, solange Kuba der Belagerung ausgesetzt ist. Die äußere Bedrohung fördert die schlimmsten Neigungen der Macht: jene nämlich, die jeden Widerspruch als mögliche Konspiration verstehen und nicht als simplen Beleg dafür, daß das Leben lebendig ist.

12.

Über Kuba wird geurteilt, als ob es seit mehr als dreißig Jahren nicht eine fortwährende Ausnahmesituation erlebte. Ein gerissener Feind, ohne jeden Zweifel, der die Folgen seiner eigenen Taten verurteilt.

Ich bin gegen die Todesstrafe. Überall. Auch in Kuba. Aber kann man die Erschießungen in Kuba verurteilen, ohne zugleich die Belagerung zu verurteilen, die Kuba das Recht verweigert, frei zu wählen, und es dazu zwingt, ständig in Angst zu leben ?

Doch, man kann. Schließlich erteilen Kuba gerade jene Leute Menschenrechts-Unterricht, die ansonsten wegschauen und pfeifen, wenn andernorts in Amerika die Todesstrafe angewandt wird. Und da wird sie nicht nur gelegentlich angewandt, sondern systematisch: Schwarze verschmoren auf den elektrischen Stühlen der USA, Indios werden in den Bergen Guatemalas massakriert, die Kinder in den Straßen Brasiliens niedergemäht.

So bedauerlich die Erschießungen in Kuba gewesen sind: Bleibt nicht dennoch der trotzige Mut dieser kleinen Insel bewundernswert ? Einer Insel, zur Einsamkeit verdammt in einer Welt, in der Unterwürfigkeit als eine hehre Tugend oder hohe Begabung. Einer Welt, wo der sich vermietet, der sich nicht verkauft ?

(1992)

ANMERKUNGEN ZUR ERINNERUNG UND ZUM FEUER

Das staunende Engelchen

An einem dieser Tage zeigt Gott mit seinem Finger auf unsere Länder und beauftragt einen Engel aus dem hohen Himmel, ihm einen Bericht über Lateinamerika vorzulegen. Er macht es nicht aus Neugier, auch nicht aus Langeweile. Gott ist besorgt: man hat Ihm gesagt, daß hier die Menschen zu Tausenden sterben, durch Hunger oder Kugeln, und daß man Ihm zuschreibe, es befohlen zu haben. Man erzählt Ihm, daß man dort unten sagt, daß Er es so wolle.

Das Engelchen, Angestellter des Jenseits, beginnt damit, die Karte des Diesseits zu untersuchen. Auf dieser Landkarte nimmt Lateinamerika weniger Platz ein als Europa, und sehr viel weniger als die USA und Kanada. So entdeckt der geflügelte Emissär, daß die Karte gar nicht mit dem übereinstimmt, was er von oben sieht. Und als er die offizielle Geschichte nachliest, entdeckt er, daß diese überhaupt nicht mit dem übereinstimmt, was er in all der Zeit gesehen hat.

Lateinamerika wird in der Geschichte, wie auf der Landkarte, verkleinert.

Der staunende Schriftsteller

Dies ist eine ernsthaft an Albernheit, Dummheit und Nachahmungssucht erkrankte Weltgegend. Seit fünf Jahrhunderten ist sie darauf trainiert, ihr Spiegelbild anzuspucken: um das Beste ihrer selbst zu ignorieren und zu verachten.

Die wahre Geschichte Lateinamerikas, auch ganz Amerikas, ist eine beeindruckende Quelle von Würde und Schönheit; aber die Würde und die Schönheit, siamesische Schwestern der Erniedrigung und des Grauens, tauchen recht selten in der offiziellen Geschichtsschreibung auf. Die Sieger, die ihre Privilegien mit dem Erbrecht rechtfertigen, setzen ihre eigene Erinnerung als die einzig verbindliche durch. Die offizielle Geschichte, eine Vitrine, in der das System seine alten Kostüme zeigt, lügt mit dem, was sie sagt, und lügt noch mehr mit dem, was sie verschweigt. Diese Parade maskierter Helden reduziert unsere einzigartige Wirklichkeit auf das zwergenhafte Sieges-Spektakel der Reichen, der Weißen, der Machos und der Militärs.

Ein Stimmensammler

Ich, als Weißer und Macho, also Mann, aber weder Soldat noch reich, schrieb *„Erinnerung an das Feuer"* gegen das Vergessen jener Dinge, die es lohnt zu erinnern.

Ich bin kein Historiker. Ich bin ein Schrifsteller, der sich herausgefordert fühlt von den Rätseln und den Lügen, der endlich will, daß die Gegenwart aufhört eine schmerzhafte Verbüßung der Vergangenheit zu sein, und der sich die Zukunft vorstellen möchte, anstatt sie einfach zu akzeptieren: ein Sammler von Stimmen, von verlorenen und wahren Stimmen, die irgendwo herumgeistern. Weil die Erinnerung, die es verdient, gerettet zu werden, in tausend Einzelstücke zerrieben wurde.

Der Elefant

Als ich ein Kind war, hat meine Oma mir die Fabel von den Blinden und dem Elefanten erzählt.

Drei Blinde standen vor einem Elefanten. Einer der Blinden ertastete den Schwanz des Elefanten und sagte:

- Das ist ein Strick.

Der zweite Blinde streichelte ein Bein des Elefanten und meinte:

- Das ist eine Säule.

Und der Dritte im Bunde lehnte sich mit der Hand gegen den Körper des Elefanten und sagte:

- Das ist eine Wand.

So sind wir: vor uns selbst erblindet, vor der Welt erblindet. Seit unserer Geburt sind wir darauf abgerichtet, nur Bruchstücke zu sehen. Die herrschende Kultur, die Kultur der Bindungslosigkeit, zerstört die vergangene Geschichte ebenso wie die gegenwärtige Realität; und sie verbietet es, das Puzzle zusammenzubauen.

Fenster

Die kurzen Kapitel von *„Erinnerung an das Feuer"* sind Fenster eines Hauses, das jeder Leser beim Lesen selbst aufbaut; und es gibt ebenso viele mögliche Häuser wie Leser. Die Fenster, geöffnete Räume in die Zeit, helfen zu sehen. Das, zumindest, beabsichtigt der Autor: helfen zu sehen. Damit der Leser die Zeit, die war, sehe und entdecke, als ob diese vergangene Zeit jetzt sei - Vergangenheit, die zur Gegenwart wird, durch die Geschichtsfenster der Trilogie.

„Der Ast hat seine treuen Vögel", schrieb der Dichter Salinas, „weil er nichts erzwingt, sondern anbietet". Dieses Werk entstand, um sich im Leser zu realisieren, nicht um ihn zu fesseln. Der Leser geht in diesem Wörterhaus ein und aus wie er will, wann er will und wo er will, liest es von Anfang bis Ende oder von Ende bis Anfang, in einem durch, oder überspringend, oder wahllos, oder wie es ihm gerade einfällt. Die Freiheit beweist, daß das Haus tatsächlich ihm gehört: im Leser und durch den Leser besteht und wächst es.

Gestern und Heute

„Erinnerung an das Feuer" ist in der Gegenwart geschrieben, als ob die Vergangenheit jetzt passierte. Weil die Vergangenheit lebendig ist, obwohl sie aus Versehen oder aus Infamie begraben wurde, und weil die Trennung von Vergangenheit und Gegenwart so ekelhaft ist wie die Trennung von Seele und Körper, Bewußtsein und Tat, Vernunft und Herz.

Die Qual und das Fest

Es hat mich acht lange Jahre Arbeit gekostet. *„Erinnerung an das Feuer"* war eine Qual für meinen Hintern und ein Fest für meine Hand. Ich habe acht lange Jahre gelitten, auf Stühle genagelt in verschiedenen Bibliotheken der Welt, und habe es acht lange und schöpferische Jahre genossen, Zettel vollzukritzeln.

Die Trilogie stammt aus mehr als tausend dokumentarischen Quellen. Auf diese stützt sie sich, und von diesen aus fliegt sie los, befreit und ganz nach ihrer eigenen Art. Die Geschichten von *„Erinnerung an das Feuer"* geschahen in der Wirklichkeit und nicht in meiner Vorstellung; aber ich weiß sehr wohl, daß jener, der die Wirklichkeit kopiert, ihre Geheimnisse verrät. Die Sprache, die nackt sein wollte und voller ansteckender Spannung, wurde aus der Notwendigkeit geboren, das Andenken Amerikas zu sagen und es lebendig seinen Kindern von heute zurückzugeben.

Deswegen gehört das Werk zu keiner literarischen Gattung, obwohl es ihm gefallen würde, allen zu gehören, während es mit ungetrübter Freude die Grenzen überschreitet, die den Essay von der Erzählung, das Dokument von der Poesie trennen. Warum sollte der Wisssensdurst der Feind des Lesevergnügens sein? Und warum sollte die menschliche Stimme klassifiziert werden, als wäre sie ein Insekt?

Die unaufhörliche Metapher

Ich entdeckte es in irgendeinem Buch: Als die schwarzen Sklavinnen von den Plantagen Surinams flohen, im XVII. Jahrhundert, füllten sie ihre üppige Haarpracht mit Samen. Als sie in den Verstecken der cimarrones, der geflüchteten Sklaven, ankamen, mitten im Urwald, schüttelten sie ihre Köpfe und befruchteten auf diese Weise die befreite Erde.

„Erinnerung an das Feuer" erzählt lauter kleine Momente der Geschichte. Kleine Momente wie diesen, die das Wunderbare oder das Schreckliche des menschlichen Abenteuers in Amerika offenbaren. Weil jede Situation ein Symbol vieler ist, spricht das Große durch das Winzige, und das Universum erblickt man durch das Schlüsselloch. Die Wirklichkeit, als unübertroffene Dichterin ihrer selbst, spricht eine Sprache der Symbole.

Ich begann die Trilogie an jenem Tag zu schreiben, an dem ich etwas feststellte, was mir heute völlig einleuchtend erscheint: die Geschichte ist eine unaufhörliche Metapher.

Das Kommen und Gehen der Mythen

Die Mythen als kollektive Metaphern, Ergebnis der kollektiven Schöpfung, bieten Antworten für die Herausforderungen der Natur und die Rätsel der menschlichen Erfahrung. Durch sie bewahrt sich die Erinnerung, erkennt sich und handelt.

Über die ganze Trilogie verwebt sich die historische Erfahrung mit den Mythen zu einem Komplott, wie es auch in der Wirklichkeit geschieht; aber der erste Teil von *„Erinnerung an das Feuer"* ist ausschließlich auf der Basis der Mythen aufgebaut, die die Urein-wohner von den Eltern auf die Kinder durch die orale Tradition übertrugen. Ich habe keine bessere Möglichkeit gefunden, mich über das Amerika vor Kolumbus zu beugen. Schließlich endete fast die gesamte Dokumentation jener Epoche auf den Scheiterhaufen der Konquistadoren.

Die indigenen Mythen, Schlüssel zur Identität des ältesten Ver-mächtnisses Amerikas, verewigen die Träume der Geschlagenen, verlorene Träume, verachtete Träume, und geben sie der lebendi-gen Geschichte zurück. Sie kommen aus der Geschichte, und sie gehen zur Geschichte.

Im Jahr 1572, als die Spanier Túpac Amaru köpften, den letzten König der Inkadynastie, wurde unter den Indios von Peru ein Mythos geboren. Der Mythos besagte, daß der Kopf sich mit dem Körper wieder vereinigen werde. Zwei Jahrhunderte später kehrte der Mythos in die Wirklichkeit zurück, aus der er gekommen war, und die Prophezeiung wurde Geschichte: José Gabriel Condorcan-qui nahm den Namen von Túpac Amaru an und wurde zum Anfüh-rer des größten indigenen Aufstands aller Zeiten.

Der abgeschlagene Kopf hatte den Körper wiedergefunden.

Stimmen oder Echos ?

Bald wird man die fünfhundert Jahre der Ankunft Kolumbus' feiern, und es wird nun Zeit, daß Amerika anfängt, sich selbst zu entdecken.

Die Bewahrung der Vergangenheit gehört zu dieser dringend notwendigen Offenlegung. Und wo erklingen die trotzig lebendigen Stimmen, die uns helfen, zu sein ? Oben und außerhalb, oder unten und drinnen ? In der „Zivilisation", oder in der „Barbarei" ?

Um 1867 schickte Ekuador eine Auswahl der Bilder seiner besten Maler zur Weltaustellung nach Paris. Diese Bilder waren zum Teil exakte Kopien manchen Meisterwerkes der europäischen Malerei. Der offizielle Katalog hob das Talent der ekuadorianischen Künstler bei der Kunst des Kopierens hervor.

Der Chor

Die von oben, Nachahmer derer von draußen, verachten die von unten und von drinnen: das Volk ist der Chor der Helden. Die „Ignoranten" machen nicht die Geschichte: sie erhalten sie fertig verpackt.

Kaum oder keinen Platz bekommen in den Texten, die unsere amerikanische Vergangenheit lehren, die indigenen Rebellionen, die es seit 1493 immer wieder gab, und die schwarzen Rebellionen, ebenso beständig, seitdem Europa die Ruhmestat vollbrachte, die erbliche Sklaverei in Amerika zu etablieren.

Für die Usurpatoren der Erinnerung, für die Diebe des Wortes, ist diese lange Geschichte der Würde nichts anderes als eine Folge von Handlungen ungebührlichen Benehmens. Der Freiheitskampf begann an jenem Tag, als die heldenhaften Vorkämpfer der Unabhängigkeit die Schwerter erhoben; und dieser Kampf endete, als die Schriftgelehrten in jedem neugeborenen Land eine hübsche Verfassung redigierten, die dem Volk, das die Toten der Schlachtfelder lieferte, alle Rechte verweigerte.

Sie, die Frauen

„Hinter jedem großen Mann gibt es eine Frau". Häufige Ehrung, zweifelhaftes Lob: die Frau wird zu einer Stuhllehne degradiert.

Die traditionelle Aufgabe: die Frau ist ergebene Tochter, selbstverleugnende Ehefrau, aufopferungsvolle Mutter, beispielhafte Witwe. Sie gehorcht, schmückt, tröstet und schweigt. In der offiziellen Geschichte verdient dieser treue Schatten nur Schweigen.

Allerhöchstens gewährt man den Frauen unserer Helden die eine oder andere Erwähnung. Aber in der tatsächlichen Geschichte taucht zwischen den Stäben des Käfigs eine andere Frau auf. Manchmal bleibt nichts anderes übrig, als ihre Existenz anzuerkennen. Das ist der Fall der Nonne Juana Inés de la Cruz, die sich ihres hohen und störenden Talents nicht erwehren konnte, oder der Fall von Manuela Saénz und ihres bewegten Lebens. Aber Achtung: nichts wird gesagt, auch nicht beiläufig, über die schwarzen und indianischen Anführerinnen, die den kolonialen Truppen kräftig zusetzten, lange *vor* den Unabhängigkeitskriegen. Als ehrbare Ausnahme von diesem Gesetz des Schweigens hat Jamaika Nanny als Nationalheldin anerkannt: Nanny, die aufsässige Sklavin, halb Frau und halb Göttin, die, für die Freiheit kämpfend, die geflohenen Sklaven aus Barlovento anführte und die englische Armee demütigte - das war schon vor zweieinhalb Jahrhunderten.

Der Barmherzige und der Verrückte

Als ich ein Schulkind war, lernte ich, Francisco Antonio Maciel zu ehren, den „Vater der Armen", Gründer des Krankenhauses der Barmherzigkeit in Montevideo. Jahre später entdeckte ich, daß jener barmherzige Herr sein Leben damit verdiente, Menschenfleisch zu verkaufen: er war Sklavenhändler.

Der überflüssigen Denkmäler sind fast so viele wie der fehlenden Denkmäler. Ich habe viel Niedertracht entdeckt, als ich an *„Erinnerung an das Feuer"* arbeitete. Aber meistens habe ich Wunderschönes entdeckt, solches, das ich nicht kannte oder falsch kannte.

Simón Rodríguez war eine dieser überraschenden Entdeckungen. Selbst in Venezuela, wo er geboren ist, kennen ihn nur wenige, und fast niemand in den anderen Ländern Lateinamerikas. Im besten Falle erinnert man sich seiner als des Lehrers des jungen Simón Bolivar. Aber er war der kühnste Denker seiner Zeit in unseren Gefilden, und eineinhalb Jahrhunderte später erklingen seine Worte und Taten, als stammten sie aus der letzten Woche. Don Simón ritt auf Eselsrücken über Stock und Stein und predigte in der Wüste. Sie hielten ihn für verrückt, sie nannten ihn den „Verrückten". Er schalt die Machthaber zur Kreativität völlig unfähig zu sein, nur dazu fähig

Ideen und Waren aus Europa und den USA zu importieren: „Ahmen Sie die Originalität nach !" flehte und klagte Don Simón:" Ahmen Sie die Originalität nach, wenn sie schon versuchen, alles nachzuahmen !" Und genau das war eine seiner beiden unverzeihlichen Sünden: ein Original zu sein. Die andere: kein Militär zu sein.

Der Nobelpreis und der Niemand

Die vergangene Geschichte streckt die Füße nach oben, weil die heutige Realität auf dem Kopf geht. Und nicht nur im Süden Amerikas: auch im Norden.

Wer kennt nicht Teddy Roosevelt in den USA ? Dieser Nationalheld predigte den Krieg und praktizierte ihn gegen die Schwachen; der Krieg, verkündete Roosevelt, reinige die Seele und verbessere die Rasse. Konsequenterweise bekam er den Friedensnobelpreis.

Wer kennt dagegen Charles Drew in den USA ? Es ist ja nicht so, daß die Geschichte ihn vergessen hätte: sie hat ihn einfach nie gekannt. Obwohl dieser Wissenschaftler viele Millionen Menschenleben rettete, als seine Forschungen die Aufbewahrung und Transfusion des Plasmas ermöglichten. Drew war Direktor des Roten Kreuzes in den USA. Im Jahr 1942 verbot das Rote Kreuz die Transfusion von „schwarzem" Blut. Da trat Drew zurück. Drew war ein Schwarzer.

Die Welt als ein Teller

Die Amnesie ist nicht das traurige Privileg der armen Länder. Die reichen Länder lernen auch, zu ignorieren. Die offizielle Geschichte erzählt ihnen nicht, unter vielen anderen Dingen, die sie nicht erzählt, woher ihr Reichtum kommt. Dieser Reichtum, der nicht unschuldig ist, kommt im großen Maße von der Armut anderer, und von ihr nährt er sich mehr und mehr. Ungestraft, ohne daß sein Gewissen drückt noch die Erinnerung quält, kann Europa jeden Tag auf's Neue bestätigen, daß die Erde nicht rund ist. Recht hatten ihre Vorfahren: die Welt ist ein Teller, und jenseits dessen öffnet sich der Abgrund. Auf dem Boden dieses Abgrunds schmachten Lateinamerika und der ganze Rest der Dritten Welt.

Trockenes Gras, feuchtes Gras

Ein afrikanisches Sprichwort eröffnet „Erinnerung an das Feuer" und erklärt den Titel. Die Sklaven brachten nach Amerika dieses Wort, das verkündet: „Das trockene Gras wird das feuchte Gras anzünden".

Die Sklaven brachten aus Afrika auch die alte Gewißheit, daß wir alle zwei Erinnerungen besitzen. Die eine Erinnerung, die individuelle, verletzlich im Wandel der Zeiten und Gefühle und zum Sterben verurteilt, wie wir selbst; und die andere Erinnerung, die kollektive, dazu bestimmt, zu überleben, wie wir selbst.

Mit dem Rücken zum Leben

Die Machthaber verstecken sich in der Vergangenheit, weil sie diese tot wähnen, um die Gegenwart zu verleugnen, die sich bewegt und verändert; und auch, um die Zukunft zu beschwören. Die offizielle Geschichte lädt uns dazu ein, ein Museum voller Mumien zu besuchen. So laufen wir keine Gefahr: man kann die vor Jahrhunderten gestorbenen Indios studieren, und zugleich kann man jene Indios verachten oder ignorieren, die heute noch leben. Man kann die Ruinen wundervoller Tempel amerikanischer Antike bewundern, während man mit verschränkten Armen der Vergiftung der Flüsse und der Abholzung der Wälder zusieht, in denen die Indios heute ihr Leben fristen.

Die Eroberung geht weiter, in ganz Amerika, von Norden bis Süden, und gegen die lebenden Indios werden die Vertreibungen fortgesetzt, die Plünderungen und die Massaker. Und die Verachtung geht weiter: die modernen Medien, die jene Verachtung verbreiten, lehren die Besiegten die Selbst-Verachtung: in unserem Fernseh-Zeitalter spielen die Indianerkinder Cowboys, und es fällt sehr schwer, ein Kind zu finden, das die Rolle des Indianers freiwillig übernimmt.

Stimmen von Gestern und von Morgen

Die stumme Vergangenheit langweilt mich. *„Erinnerung an das Feuer"* will dazu beitragen, die umherirrenden Stimmen zu vermehren, die aus der Vergangenheit kommen, aber wie von heute klingen und zu den zukünftigen Zeiten sprechen.

Und Tatsache ist, daß die alten indianischen Kulturen jene mit der schönsten Zukunft sind. Schließlich und endlich waren sie in der Lage, es mutet fast wie ein Wunder an, den Einklang des Menschen mit der Natur zu bewahren, während die ganze restliche Welt darauf besteht, sich umzubringen.

Genau genommen ist die Gemeinschaft, die gemeinschaftliche Produktions- und Lebensart, auch jene Stimme, die am hartnäckigsten das andere, das mögliche Amerika verkündet. Diese Stimme erklingt aus weit zurückliegenden Zeiten, und sie erklingt immer noch. Seit fünf Jahrhunderten wollen die Machthaber sie mit Blut und Schwert zum schweigen bringen, aber sie erklingt weiter. Die Gemeinschaft ist die amerikanischste der Traditionen, die älteste und trotzigste Tradition Amerikas. Denen zum Trotz, die da sagen, der Sozialismus sei eine importierte Idee, kommen unsere tiefsten Wurzeln aus der Gemeinschaft, dem gemeinschaftlichen Eigentum, der gemeinschaftlichen Arbeit, dem gemeinschaftlichen Leben und der Hilfsbereitschaft. Das Privateigentum dagegen, das Leben und Arbeit auf Habsucht und Egoismus ausrichtet, war eine Importware, von den europäischen Konquistadoren seit 1492 in Amerika durchgesetzt.

Ein Fest der Schöpfung

Elitäres Denken, Rassismus, Machismo und Militarismus lassen nicht zu, daß Amerika sein facettenreiches und leuchtendes Gesicht im Spiegel erkennt. Wir sind verblödet, mit unserer eigenen Verleugnung beschäftigt und arbeiten für unsere eigene Verderbnis. Meine ich damit Lateinamerika ? Nicht nur Lateinamerika: auch das erfolgreiche Nordamerika, mit all seinem verdächtigen materiellen Wohlstand, der die Verkrüppelungen der Seele verdeckt.

Aber Lateinamerika ist das zentrale Thema von *„Erinnerung an* *das Feuer".* Auf diesem Flecken der Erde finde ich meine größten Freuden und meine tiefsten Traurigkeiten. Ich wollte dabei helfen, aus dieser Dummheit herauszufinden. Seine wahre Geschichte, seine tatsächliche Wirklichkeit, ist ein Fest der Schöpfung.

Die Wut und die Liebe

„Erinnerung an das Feuer" ist ein Werk voller Wut und Liebe. Eine subjektive Geschichte, geschrieben von jemandem, der nicht an die Objektivität glaubt und es auch nicht vorgibt.

Während ich schrieb, fühlte ich, daß ich mich mit Amerika unterhielt, als wäre es ein Mensch, als wäre es eine Frau, die mir ihre Geheimnisse erzählt und mir sagt, von welchen Liebesakten und von welchen Vergewaltigungen sie herkommt. Und ich fühlte auch, daß ich mich mit mir selbst unterhielt. Alles, was in Amerika passiert war, ist auf eine rätselhafte Weise auch *mir* passiert, obwohl ich es nicht wußte - und die Personen ihrer Geschichte waren Menschen, die ich geliebt oder gehaßt habe. Auch wenn ich es vergessen haben sollte, oder nur meinte, es vergessen zu haben. Eine Reise des Ich zum Uns: indem ich Amerika sagte, sagte ich Ich. Und indem ich es suchte, fand ich mich.

Die immerwährende Geburt

Der dritte Band der Trilogie bewegt sich um Miguel Mármol: um seine elf Tode und seine elf Auferstehungen. Dieser Mann der immerwährenden Geburt ist die zutreffendste Metapher für Lateinamerika.

Die Rückeroberung des geraubten Wortes ist eine Herausforderung, die aus diesem Glauben geboren wird. Ja, ich glaube, mehr denn je, daß die kollektive Erinnerung sich hartnäckig am Leben hält: tausend Mal getötet, aber tausend Mal lebendig in den Verstecken, wo sie sich die Wunden leckt.

(1989)

137

DAS LICHT IST EIN GEHEIMNIS DES MÜLLS

1.

Diese Photographien, diese Figuren tragischer Größe - wurden sie von einem verzweifelten Bildhauer in Stein gehauen oder Holz geschnitzt? Ist dieser Bildhauer der Photograph? Oder war es Gott, oder der Teufel, oder die irdische Wirklichkeit?

Sicherlich fällt es schwer, diese Figuren ungestraft anzusehen. Ich kann mir nicht vorstellen, daß jemand einfach die Schultern zucken, den Blick abwenden und pfeifend weggehen kann - blind und unbeteiligt, als ob nichts wäre.

2.

Der Hunger ähnelt dem Menschen, den der Hunger tötet. Der Mensch ähnelt dem Baum, den der Mensch tötet. Die Bäume haben Arme, die Menschen haben Äste. Ausgemergelte Körper, ausgetrocknet: Bäume aus Knochen und Menschen aus Knoten und Wurzeln, die sich in der Sonne winden. Weder die Bäume noch die Menschen lassen ein Alter erkennen. Alle wurden vor tausenden von Jahren geboren, wer weiß wie vielen, und sie stehen -unerklärlicherweise stehen sie- unter dem Himmel, der sie verlassen hat.

3.

Die Welt ist so traurig, daß sogar der Regenbogen in schwarz und weiß aufgeht, und so häßlich ist er, daß die Geier von ihm wegfliegen, hinter den Sterbenden her. Jemand singt in Mexiko:

Es geht das Leben
durch das Loch,
wie durch den Abfluß
der Schmutz.

Und jemand sagt in Kolumbien:

Die Lebenshaltungskosten steigen und steigen, und der Wert des Lebens fällt und fällt. Aber das Licht ist ein Geheimnis des Mülls, und die Photos von Sebastião Salgado erzählen uns dieses Geheimnis. Wenn das Bild aus dem Wasser des Entwicklers auftaucht und das Licht sich auf ewig zum Schatten fixiert, löst sich ein einzelner Augenblick aus der Zeit und wird zur Ewigkeit. Diese Photos werden die dargestellten Menschen überleben, und auch den Photographen, um die nackte Wahrheit der Welt und ihren verborgenen Glanz zu bezeugen. Die Kamera von Salgado bewegt sich in der gewalttätigen Dunkelheit, nach Licht suchend, Licht jagend. Fällt das Licht vom Himmel, oder steigt es von uns auf? In den Photos, diesen Augenblicken eingefangenen Lichtes, diesen Lichtblitzen, enthüllt sich uns, was man nicht sieht, oder was man sieht, aber nicht bemerkt: eine ungesehene Anwesenheit, eine mächtige Abwesenheit. Sie erinnern uns daran, daß der Schmerz des Lebens und die Tragödie des Sterbens im Inneren eine mächtige Magie verstecken, ein leuchtendes Mysterium, das die menschlichen Abenteuer der Welt erlöst.

4.

Der Mund - noch nicht tot - fest an der Spitze eines Kruges. Der Krug, weiß aufblitzend, ist eine Brust.

Der Hals dieses Kindes, dieses Mannes, dieses Alten, ruht auf irgendjemands Hand. Der Hals, noch nicht tot, aber schon verlassen, erträgt nicht das Gewicht des Kopfes.

5.

Die Photographien von Salgado bieten ein vielfältiges Porträt der menschlichen Leiden. Zugleich laden sie uns dazu ein, die menschliche Würde zu feiern. Sie sind von brutaler Aufrichtigkeit, diese Bilder des Hungers und des Schmerzes, und trotzdem zeigen sie Respekt und Scham. Nicht zu vergleichen mit dem Tourismus des Elends: diese Arbeiten vergewaltigen nicht die menschliche Seele, sondern dringen in sie ein, um sie zu enthüllen. Manchmal zeigt Salgado lebende Skelette, fast schon Leichen, und die Würde ist das Einzige, was ihnen bleibt. Man raubte ihnen alles, aber sie haben Würde. Das ist die Quelle ihrer unerklärlichen Schönheit. Das ist kein makabrer, obszöner Exhibitionismus des Elends. Hier gibt es Poesie im Grauen, weil es ein Ehrgefühl gibt.

Einmal hat man mir in Andalusien erzählt, daß ein sehr armer

Fischer mit einem Korb voller Meerestiere herumlief und sie anbot. Dieser sehr arme Fischer weigerte sich, seine Meerestiere einem reichen Schnösel zu überlassen, der alles kaufen wollte. Der junge Herr war bereit, jeden Preis zu zahlen, aber der Fischer weigerte sich, seine Meerestiere an ihn zu verkaufen, einfach nur, weil ihm dieser junge Mann nicht gefiel. Und er sagte schlicht:

In meinem Hunger bestimme ich allein.

6.

Da ist ein Hund, der auf dem Grab liegt. Zwischen den brennenden Kerzen, mit erhobenem Kopf, hütet er den ewigen Schlaf seines Freundes.

Da ist ein Auto zwischen den Ruinen, und darin eine Schwarze -als Braut gekleidet-, die eine Stoffblume betrachtet.

Da gibt es unmögliche Schiffe inmitten der unendlichen Sandwüste.

Da gibt es Tuniken oder Fahnen aus Sand, zersaust vom Wind.

Da gibt es Kakteen wie Schwerter der Erde, bewaffnete Arme der Erde.

In den Fabriken gibt es Rohre, die Därmen oder verschlingenden Boas gleichen.

Und auf der Erde, aus der Erde, gibt es bäuerliche Füße: Füße, aus Erde und Zeit geschaffen.

7.

Salgado photographiert Personen. Die schnellen Photographen photographieren Gespenster.

In ein Konsumobjekt verwandelt, verschafft das Elend ein krankhaftes Vergnügen und viel Geld. Auf dem Marktplatz der Opulenz ist das Elend eine Ware, die sich gut verkauft.

Die Photographen der Konsumgesellschaft schauen rein, aber gehen nicht hinein. Zum Blitzbesuch auf den Bühnen der Verzweiflung oder der Gewalt, steigen sie aus dem Flugzeug oder aus dem Hubschrauber, drücken auf den Auslöser, das Blitzlicht schlägt zu: sie erschießen und hauen ab. Sie schauen ohne zu sehen, und ihre Bilder bedeuten nichts. Vor diesen kleinmütigen Photos, mit Grauen oder Blut verschmiert, können die Glückseligen dieser Welt eine Krokodilsträne, irgendeine Münze, ein mitleidiges Wort vergießen, ohne daß sich in der Weltordnung etwas von der Stelle rührt.

Sie betrachten diese verdammten Dunkelhäutigen, von Gott vergessen und von den Kötern angepinkelt, und jeder Irgendwer kann sich klammheimlich beglückwünschen: das Leben hat mich ja gar nicht so schlecht behandelt, wenn man es genau nimmt. Die Hölle dient dazu, die Vorzüge des Paradieses zu bestätigen.

Die Barmherzigkeit, von oben herab, erniedrigt. Die Solidarität, die nicht von oben kommt, hilft. Salgado photographiert von innen, solidarisch. Um den Hunger in der Sahelwüste zu photographieren, arbeitete er fünfzehn Monate vor Ort. Um eine Handvoll Photos aus Lateinamerika zusammenzutragen, reiste er sieben Jahre umher.

8.

Körper aus Lehm, die Minenarbeiter von Serra Pelada. Im Norden von Brasilien suchen eine halbe Millon Männer -in schlammigen Lehm versunken- das Gold. Mit Schlamm beladen klettern sie den Berg empor, und manchmal rutschen sie aus und fallen, und jedes Leben, das fällt, hat keine größere Bedeutung als ein Steinchen, das fällt. Eine Menge von kletternden Minenarbeitern. Bilder vom Bau der Pyramiden zu Zeiten der Pharaonen ? Ein Ameisenheer ? Ameisen, Eidechsen ? Die Bergleute haben Eidechsen-Haut und Eidechsen-Augen. Leben diese Ausgehungerten in einem Zoo ?

Die Kamera von Salgado nähert sich und enthüllt das Licht des menschlichen Lebens, mit tragischer Intensität oder trauriger Sanftmut. Eine Hand nähert sich, aus dem Nichts, und bietet sich -offendem Bergmann an, der von der Last erdrückt den Hang hinaufsteigt. Diese Hand ähnelt jener Hand, die den ersten Mensch berührt und durch die Berührung ihn erschafft, wie im berühmten Fresko von Michelangelo. Der Bergmann, der hoch oben auf die Serra Pelada oder auf den Golgatha reist, lehnt an einem Kreuz und ruht sich aus.

9.

Dies ist eine entblößte Kunst. Eine nackte Sprache erzählt von den Nackten dieser Erde. In diesen Bildern gibt es nichts Überflüßiges, sie sind wunderbar fern der Rhetorik, der Demagogie und des Schauerlichen.

Salgado macht keine Konzessionen, obwohl es ihm leicht fiele und ohne Zweifel finanziell lohnend wäre. Die tiefste Traurigkeit des Universum drückt sich ohne Tröstliches oder Salbungsvolles aus. Im Portugiesischen bedeutet Salgado *salzig*.

Das Pittoreske, welches Salgado vorsichtig meidet, würde die Gewalt seiner Schläge lindern und auch dazu beitragen, wieder zu bestätigen, daß die Dritte Welt letzlich eine „andere" Welt ist: eine gefährliche, bedrohliche, aber auch sympathische Welt, wie eben ein Zirkus mit seltsamen Tierchen.

10.

Die Wirklichkeit spricht eine Sprache der Symbole. Jeder Teil ist eine Methapher des Ganzen. In den Photos von Salgado drücken sich die Symbole von innen nach außen aus. Der Künstler entnimmt die Symbole nicht seinem eigenem Kopf, um sie großzügig der Realität zu schenken und diese zu zwingen, sie zu gebrauchen. Es gibt einen Augenblick, den die Realität aussucht, um sich mit Perfektion mit-zuteilen: das Auge der Kamera von Salgado entblößt ihn, reißt ihn aus der Zeit und macht ihn zum Bild, und das Bild wird zum Symbol, Symbol unserer Zeit und unserer Welt. Diese Gesichter, schreiend ohne den Mund zu öffnen, sind keine „anderen" Gesichter mehr. Nicht mehr: sie haben aufgehört, auf bequeme Weise fremd und fern zu sein, harmlose Ausreden, auf daß die Spende das schlechte Gewissen beruhige. Wir alle sind diese seit Jahrhunderten oder gar Jahrtausenden gestorbenen Lebewesen, die dennoch trotzig sich am Leben halten: aus ihrem innersten und schmerzhaftesten Glanz heraus lebendig, und nicht weil sie vorgeben zu leben, während sie sich für ein Photo aufstellen.

Diese Bilder, die den Seiten des Alten Testament entrissen schei-nen, sind in Wirklichkeit Porträts der Menschheit im zwanzigsten Jahrhundert, Symbole unserer einzigen Welt, die nicht Erste Welt, nicht Dritte Welt und auch nicht Zwanzigste Welt ist. Mit ihrem gewaltigen Schweigen stellen diese Porträts, diese Bilder, die heuch-lerischen Grenzen in Frage, die die bürgerliche Ordnung in Sicherheit wiegen und ihren Anspruch auf Macht und Erbschaft beschützen.

11.

Augen eines Kindes, das den Tod ansieht, den es nicht sehen will - und doch nicht davon loskommt. Auf den Tod starrende Augen, vom Tod eingefangen: der Tod, der gekommen ist, um jene Augen und dieses Kind mitzunehmen. Chronik eines Verbrechens.

12.
Ich sitze schon fünf Minuten -nach Wörtern suchend- vor einem
weißen Blatt Papier. In diesen fünf Minuten hat die Welt zehn
Millonen Dollar für Waffen ausgegeben, und hundertsechzig Kinder
sind vor Hunger oder an einer heilbaren Krankheit gestorben. Soll
heißen: in diesen fünf Minuten meiner Zweifel hat die Welt zehn
Millonen Dollar für Waffen ausgegeben, damit -völlig ungestraft-
hundertsechzig Kinder getötet werden können, in dem Krieg der
Kriege, dem leisesten, dem nicht erklärten, den sie Frieden nennen.

Körper aus Konzentrationslagern. Sie sind das Auschwitz des
Hungers. Ein Selektionssytem der menschlichen Spezies ? Gegen
die unteren Rassen, die sich wie die Karnickel vermehren, benutzt
man den Hunger statt der Gaskammern. Nebenbei wird die Bevölkerung reguliert. Die Atombombe begründete mit Hiroshima und
Nagasaki die Epoche des Friedens in Angst.

Mangels Weltkriegen bekämpft der Hunger die demographische
Explosion. Unterdessen bewachen neue Bomben die Hungernden.
Jeder Mensch kann nur einmal sterben, soweit man das weiß, aber
die gut aufbewahrten Atombomben wären in der Lage, jeden Menschen gleich zwölfmal zu töten.

Diese an Todespest leidende Welt, die die Hungernden tötet
anstatt den Hunger zu töten, produziert ausreichend Nahrung, zuviel sogar, um der ganzen Menschheit Essen zu geben. Aber einige
sterben an Hunger und andere an Verdauungsstörungen. Um die
Usurpation des Brotes garantieren zu können, gibt es auf der Welt
fünfundzwanzig Mal mehr Soldaten als Ärzte. Seit 1980 haben die
armen Länder ihre militärischen Ausgaben erhöht und die Ausgaben
für die öffentliche Gesundheitsversorgung halbiert.

Ein afrikanischer Ökonom, Davison Budhoo, kündigt beim Internationalen Währungsfonds. In seinem Abschiedsbrief an den Direktor schreibt er: ,,Des Blutes ist zu viel, Sie wissen es. Es fließt in
Strömen. Es hat mich vollkommen beschmutzt. Manchmal habe ich
das Gefühl, daß es auf der ganzen Welt nicht genügend Seife gibt,
um mir all das abzuwaschen, was ich getan habe".

13.

Häuser wie leere Häute toter Bestien. Die Decken sind Leichentücher, und die Leichentücher sind trockene Schalen, die unnütze Früchte oder verkümmerte Wesen einschließen.

Menschen tragen Lasten, die Lasten tragen Menschen. Träger, die schweren Schrittes über die Berge gehen, erdrückt von Holzscheiten, so groß wie Sarkophage, die sie auf den Schultern tragen und die Teil der Schultern sind. Aber sie gehen über den Wolken.

14.

Die „Dritte Welt", die „andere" Welt, ist nur der Verachtung oder des Mitleids würdig. Aus Gründen des guten Geschmacks erwähnt man sie kaum.

Wenn AIDS nicht aus Afrika herausgekommen wäre, hätte man die neue Pest kaum bemerkt. Es hätte kaum interessiert, ob AIDS tausende oder Millionen Afrikaner getötet hätte. Das wäre keine Nachricht. In der sogenannten „Dritten Welt" ist es „natürlich", an Pest zu sterben.

Wenn Salman Rushdie in Indien geblieben wäre und seine Romane in Hindi, Tamil oder Bengalisch geschrieben hätte, so nähme die Welt kaum Notiz von seinem Todesurteil. In den lateinamerikanischen Ländern, nur als Beispiel, sind etliche Schriftsteller zum Tode verurteilt und von Militärdiktaturen auch hingerichtet worden. Die europäischen Länder haben ihre Botschafter im Iran zurückgezogen, um ihre Entrüstung und den Protest wegen Rushdies Verurteilung zum Ausdruck zu bringen; aber als jene lateinamerikanischen Schriftsteller verurteilt und hingerichtet wurden, haben die europäischen Länder ihre Botschafter nicht zurückgezogen. Sie taten es nicht, denn ihre Botschafter waren damit beschäftigt, den Mördern Waffen zu verkaufen. In der sogenannten „Dritten Welt" ist es „natürlich", durch Kugeln zu sterben.

15.

Ein Kreuzweg mit steinernen Statuen. Ein Kreuzweg von Menschen aus Fleisch und Blut. Dieses abgemagerte Kind, das über die Hügel der Wüste irrt. Hat es die Sanftmut Jesus'? Die schmerzende Anmut Jesus'? Oder *ist* es Jesus, auf dem Weg dorthin, wo er geboren wurde?

16.

Der Hunger lügt: er gibt vor, ein unentschlüsselbares Mysterium oder eine Rache der Götter zu sein. Der Hunger trägt eine Maske, die Wirklichkeit trägt eine Maske.

Bevor er entdeckte, daß er ein Photograph sei, war Salgado Wirtschaftswissenschaftler. Als solcher kam er in den Sahel. Dort versuchte er zum ersten Mal, das Auge der Kamera zu gebrauchen, um die Häute zu durchdringen, die die Wirklichkeit benutzt, um sich zu verbergen.

Die Wirtschaftswissenschaft hatte ihm schon viel über Masken beigebracht. In der Wirtschaft ist es nie so, wie es zu sein scheint. Das Glück, das die Zahlen vormachen, hat wenig oder gar nichts mit dem Wohlergehen der Menschen zu tun. Nehmen wir einmal an, es gibt ein Land mit zwei Einwohnern. Das Pro-Kopf-Einkommen dieses Landes, nehmen wir weiter an, beträgt 4000 Dollar. Dieses Land wäre doch, auf den ersten Blick, gar nicht so schlecht dran. Tatsächlich aber bekommt einer der beiden Einwohner achttausend Dollar - und der andere gar nichts. Und dieser Andere könnte die Gelehrten der okkulten Wissenschaft der Ökonomie fragen: ,,Wo kann ich mein Pro-Kopf-Einkommen kassieren? An welcher Kasse zahlen Sie aus?"

Salgado ist Brasilianer. Wie viele Menschen entwickelt die Entwicklung Brasiliens? Die Statistiken haben in diesen letzten drei Jahrzehnten spektakuläre Raten wirtschaflichen Wachstums registriert, und besonders in den langen Jahren der Militärdiktatur. Aber: 1960 war ein Drittel der Brasilianer unterernährt. Heute sind zwei Drittel unterernährt. Es gibt sechzehn Millonen verlassener Kinder. Von je zehn Kindern, die sterben, werden sieben vom Hunger getötet. Brasilien ist der viertgrößte Nahrungsmittelexporteur der Welt, das flächenmäßig fünftgrößte Land der Welt - und das sechstgrößte, was den Hunger angeht.

17.

Pilgerkarawanen ziehen durch die afrikanische Wüste - Sterbende auf der sinnlosen Suche nach irgendeinem Grashalm oder Getier, das sich essen ließe. Menschen, oder Mumien, die sich bewegen? Laufende Statuen aus Stein, vom Winde verkrüppelt, in Agonie oder

im Traum, vielleicht lebendig, vielleicht tot, vielleicht tot und lebendig zugleich ?

Ein Mann trägt in seinen Armen sein Kind, oder die Knochen
dessen, was sein Kind war, und dieser Mann ist ein harter und hoher
Baum, fest in der Einsamkeit verwurzelt. Ein erstaunlicher Baum
streichelt die Luft mit seinen langen Ästen, und das Geäst ist ein
Kopf, der sich über eine Schulter oder eine Brust beugt. Ein sterben-
des Kind schafft es, in einer letzten Geste die Hand zu bewegen,
einer Geste des Streichelns, und streichelnd stirbt es. Jene Frau, die
gegen den Wind geht oder kriecht - ist sie ein Vogel mit gebroche-
nen Flügeln ? Diese Vogelscheuche mit weit offenen Armen in der
Einsamkeit - ist das eine Frau ?

(1989)
Dieser Text ist
Helena Villagra gewidmet,
die mit mir sah.

DIE KURSE AN DER FAKULTÄT DER STRAFLOSIGKEIT

Dieses Universitätszentrum ist nicht, schon seltsam genug, das Privileg für einige wenige. Die Fakultät der Straflosigkeit umfaßt die gesamte Realität, und an ihr nehmen alle jungen Lateinamerikaner teil, Reiche und Arme, Gebildete und Analphabeten. Die Wirklichkeit erteilt den praktischen Unterricht. Um die Theorie kümmert sich das Fernsehen.

Von der Entwürdigung der Demokratie

Die pädagogische Effizienz steht außer Zweifel. Die Kurse, in denen zum Beispiel die Straflosigkeit der Politiker gelehrt wird, erreichen immer schneller die massive Entpolitisierung der Jugend. Wenn die Saat der Kleinmut sich in diesem Rhythmus fortsetzt, wird man bald erreichen, daß keiner mehr irgend jemandem glaubt. Das bezeichnendste Beispiel ist in dieser Beziehung jenes von Carlos Menem, der mit 46% der Stimmen zum Staatspräsidenten Argentiniens gewählt wurde. Schon am ersten Tag nach der Wahl hat Menem das Programm von Alvaro Alsogaray übernommen, der 6% der Stimmen bekommen hatte, und seitdem macht Menem das genaue Gegenteil dessen, was er versprochen hat. Diese Vergewaltigung des Volkswillens trägt in einem großem Maße zur Entwürdigung der Demokratie bei - in einem Land, wo sie keineswegs alltäglich war, und in einer vom traditionellen Gewicht des Militärs und der Kirche erdrückten Gesellschaft.

Die Fakultät der Straflosigkeit lehrt Skrupellosigkeit und erzieht zur moralischen Verantwortungslosigkeit. Gelegentlich veranschaulichen die Statistiken diese Kurse. Diese netten Zahlen begleiten zum Beispiel das Fach, das sich mit dem Verhältnis zwischen der Wirtschaft und der Politik in den neugeborenen -oder wiedergeborenen- Demokratien ganz Lateinamerikas befaßt. Die Wirschaft wird zunehmend undemokratisch, während die Menschen vom Enthusiasmus in die Verzweiflung geraten, und so manch' Betrogener setzt Demokratie mit Betrug gleich. Die Zivilregierungen setzen immer weiter und straflos die neoliberale Wirtschaftspolitik -freier Markt, freies Geld- fort, die die Militärdiktaturen eingeführt hatten. Die Ergebnisse haben wir vor Augen. Noch nie war der Widerspruch zwischen politischer Demokratie und sozialer Diktatur so offensichtlich. Und vor unseren Augen haben wir die letzten Zahlen der Vereinten Nationen über die achtziger Jahre: je vier von zehn Lateinamerikanern leben „im absoluten Elend". Ihnen steht das Schicksal nicht in den Sternen geschrieben: für sie steht es im System der irdischen Mächte.

Die Falle des Hungers und die Falle des Konsums arbeiten straflos, und so vertieft sich weiter der Graben zwischen Gefallenen und Fallenstellern: immer mehr Abstand gibt es zwischen der überwältigenden Mehrheit, die viel mehr brauchte, als sie konsumiert, und der winzigen Minderheit, die viel mehr konsumiert, als sie braucht.

Von der Entwürdigung des Staates

Ein anderes Fach an der Fakultät der Straflosigkeit beschäftigt sich mit den Politikern und dem Staat. Dieselben Politiker, die ungestraft den Staat bis auf den letzten Tropfen auspressten, entdecken auf einmal, daß der Staat nutzlos ist und es verdient, auf dem Müll zu landen. Über viele Jahre hinweg haben sie aus den Bürgerrechten Gefälligkeiten gemacht, sie haben das öffentliche Wohl in den Dienst des öffentlichen Dienstes gestellt, und sie haben aus dem Staat ein mit -ziellos herumirrenden- Parasiten gefülltes Labyrinth gemacht. Sicherlich hätte Franz Kafka das Thema gewechselt, wenn er die Bürokratie Lateinamerikas kennengelernt hätte - in unseren Ländern fehlt des Tags das Wasser und nachts das Licht, die Telefone funktionieren nicht, die Briefe kommen nicht an, und die Akten bekommen wundersamerweise Nachwuchs.

Und nun verkaufen uns jene traditionellen Politiker, die den Kranken schufen, das Krankenhaus dazu: zurück an der Macht nach dem Niedergang der Militärdiktaturen, singen sie Lobeshymnen auf das freie Geld und opfern die öffentlichen Betriebe auf den Altaren des Marktes.

Straflosigkeit der Herren der Welt. Es geschehe der Wille der reichen Länder, obwohl die reichen Länder eben deswegen reich sind, weil sie die Handelsfreiheit predigen, aber nicht ausüben. Unser gutes Benehmen mißt sich an der Pünktlichkeit unserer Zahlungen und der Fähigkeit zum Gehorsam. Die Gläubiger schlagen auf den Tisch und unsere Zivilregierungen senken die Häupter und schwören, aber auch wirklich alles zu privatisieren. Die netten Zahlen belegen, daß in Lateinamerika die Freiheit des Geldes dessen Flucht begünstigt, und nicht dessen Reinvestition, und daß sich so die Spekulation über die Produktion totlacht und die Wirtschaft zum Roulettespiel wird. Aber die Fanfaren künden das private Kapital an, als wäre es die rettende Fünfte Kavallerie.

Unsere Regierungen wollen wirklich alles privatisieren, tatsächlich, und sie beginnen damit, die Schlüsselsektoren der nationalen Souveränität unter den Hammer zu bringen: Kommunikation, Energie und Transport. Einfach alles privatisieren - wenn möglich auch die Krankenhäuser und die Schulen und die Friedhöfe und die Gefängnisse und die Zoologischen Gärten. Eben alles, außer den Armeen, die zufälligerweise sich den Löwenanteil an den Gehältern und den Ausgaben jedes öffentlichen Haushaltes unter den Nagel reißen. Im neuen Staat, dem Staat nationaler Sicherheit, ist die militärische Bürokratie heilig. Wer sonst wird sich um die „sozialen Kosten" der „Anpassungsprogramme" kümmern? Die Straflosigkeit des Geldes, das in unseren Ländern mit Hunger oder Kugeln tötet, verlangt, daß der wohltätige Staat den Platz frei macht für den Richter-und-Gendarmen-Staat: ein für Bestechungen und Bedrohungen anfälliger Richter, und ein unerbittlicher Gendarm gegen die Armen.

Von der Entwürdigung der Gerechtigkeit

Die militärische Straflosigkeit ist das am intensivsten gelehrte Fach an der Fakultät der Straflosigkeit. Die beschleunigte Entwürdigung der zivilen Macht, in ganz Lateinamerika, macht den Umfang des Erfolges deutlich.

Dieses Fach beruht auf der Annahme, das Gesetz des Stärkeren sei ein Naturgesetz. Den Dschungel verleumdend, nennt die urbane Kultur „Gesetz des Dschungels" jenes Gesetz, das unser zivilisiertes

Leben reglementiert. Im Taumel des Wettbewerbs, im Kampf um das Geld und die Macht, bestätigen die Marktwirtschaft und die imperiale Ordnung, tagtäglich, die militärische Moral: die Erniedrigung ist das Schicksal, das die Schwachen verdienen; die schwachen Länder, die schwachen Unternehmen, die schwachen Regierungen, die schwachen Menschen.

Die Militärdiktaturen, die uns noch vor kurzem mit Angst und Dreck bewarfen, haben der Demokratie eine doppelte Hypothek hinterlassen. Die Zivilregierungen haben, ohne aufzumucken, dieses verdammte Erbe angenommen: die Bezahlung ihrer Schulden und das Vergessen ihrer Verbrechen. Jetzt arbeiten wir alle, um die Zinsen zu bezahlen, und leben im fortwährenden Vergessen.

Die Schulden der Militärs, die die Zivilregierungen sozialisierten - haben sie dazu gedient, den Fortschritt zu finanzieren? Der Atommeiler im brasilianischen Agra dos Reis ist ein gutes Beispiel: er hat viele Milliarden Dollar gekostet, keiner weiß wieviel, und er gibt trotzdem nicht mehr Licht als ein Leuchtkäfer. Und die Absolution des militärischen und paramilitärischen Terrorismus, die von den Zivilregierungen verfügt wurde - hat sie dazu gedient, die Demokratie zu konsolidieren? Oder hat sie vielmehr dazu gedient, die Allgewalt zu legalisieren, die Gewalt zu fördern, und die Gerechtigkeit mit Rache oder Irrsinn gleichzusetzen? Vor dem Gesetz sind wir alle gleich, sagt die Verfassung; aber unsere Verfassungen -fiktionale Werke surrealistischer Tendenz und mickrigen Stils- ignorieren, daß in dieser Welt die Gerechtigkeit, ebenso wie die Demokratie und der Wohlstand, ein Privileg der reichen Länder ist.

Die militärische Schuld, in erdrückende Auslandsschulden umgesetzt, ist nicht der Preis des Fortschritts. Die Schulden der Militärs sind der Preis des Terrors; und die Straflosigkeit hindert uns, es zu wissen, weil sie verbietet, uns daran zu erinnern. Unsere Professoren haben in dieser Beziehung Sigmund Freud übertroffen. Um die Prüfung zu bestehen, muß man folgende Lektion wiederholen: Erinnerungslosigkeit bedeutet gute Gesundheit.

Von der Entwürdigung menschlichen Lebens

Wenn es so weitergeht, befindet sich Lateinamerika auf dem besten

Wege, sich in eine riesige Zuchtstation für lauter Frankensteins zu verwandeln; und Kolumbien gibt uns ein Beispiel alarmierender Fruchtbarkeit.

Seit Jahren lehrt in Kolumbien die Regierung, daß sich Kriminalität auszahlt. Im Schatten der Macht, und durch sie ernährt, sind paramilitärische Banden aufgewachsen, die Tod über das Land regnen lassen. Die internationale Presse schreibt alle Schuld den Drogenbossen und den Guerrilleros zu; aber die Gewalt ist schon eher eine Tochter der Doktrin der Nationalen Sicherheit, die die Armeen zur Tötung der eigenen Leute instrumentalisiert. Jedenfalls war das Geld der Kokainmafia so lange nicht schmutzig, wie es zur Auslöschung der Roten zu gebrauchen war; und von den fünfundsiebzig Massakern, die 1988 Kolumbien in Blut badeten, waren gerade mal fünf direkt den Drogenbossen zuzuschreiben. Unter dem Vorwand der Selbstverteidigung gegen die Entführungen durch die Guerrilla wurden die Todesschwadrone geboren, und sie wuchsen und vermehrten sich -über lange Zeit- ungestraft. Ungestraft beteiligte sich die Armee daran, ungestraft tolerierte die Regierung alles. Im Jahr 1983 klagte der Oberstaatsanwalt neunundfünfzig Soldaten und Polizisten an, Mitglieder einer Gruppe zu sein, die mehr als einhundert Menschen verschwinden ließ oder ermordete. Die Militärjustiz nahm sich des Falles an: nie wieder hat man etwas erfahren. Im Jahr 1988 gab es sieben Mal mehr Opfer unter den Gewerkschaftern, Intelektuellen und linken Politikern, als bei den Kämpfen zwischen Guerrilla und Armee. In jenem Jahr haben die Arbeiter der Zementindustrie gestreikt, und es ging nicht um Löhne: sie verlangten von der Regierung das Recht, sich bewaffnen zu dürfen. Zwölf ihrer Anführer waren ermordet worden. Als Antwort auf die Anschuldigungen von Amnesty International legte das Verteidigungsministerium eine Liste von Militärfolterern vor, die bestraft worden waren. Das Ministerium erwähnte allerdings nicht die Strafe: achtundvierzig Stunden Arrest.

Kolumbien ist heutzutage schlimmer dran als Chicago in den Jahren Al Capones und der Prohibition. Drei Präsidentschaftskandidaten sind in acht Monaten niedergeschossen worden. Ein frühreifer Absolvent der Fakultät der Straflosigkeit, ein fünfzehnjähriges Kind aus den Armenvierteln Medellíns, brachte den Chef der Vereinigten Linken, Bernardo Jaramillo, für 650 Dollar ums Leben.

Normalerweise kriegt man dafür viel weniger. Wie der Mexikaner sagt: Das Leben ist nichts wert. Die Menschen sterben an *Verbleiung*, und in den Sozialwissenschaften sind neue Spezialisten aufgetaucht, die *Gewaltologen*, die das zu entziffern versuchen, was passiert. Manche beschränken sich darauf, eine alte Gewißheit des Systems zu bestätigen: in Kolumbien sind die Armen nicht nur dumm und faul, sondern auch gewalttätig. Andere wiederum weigern sich zu glauben, daß die Kolumbianer das Zeichen der Gewalt auf der Stirn tragen. Es hat nichts mit Genen zu tun; diese Gewalt ist eine Tochter der Angst, diese Tragödie ist eine Tochter der Straflosigkeit.

Von der Entwürdigung der nationalen Souveränität

Wie alle unsere Streitkräfte, gehorchen auch die kolumbianischen Militärs einer fremden Macht, über den Umweg der Interamerikanischen Verteidigungs-Junta; und diese Gehorsamspflicht hat Vorrang gegenüber der geschworenen Loyalität zur eigenen Nation. Diese herrschende fremde Macht paukt ihnen die Künste der Straflosigkeit ein, ein *know-how* mit sehr hohem Niveau und oft erprobt.

Das letzte öffentliche Spektakel in dieser Beziehung, die Invasion Panamas, hatte einen durchschlagenden Erfolg. Diese Operation -dazu bestimmt, einen Agenten der CIA zu fangen, der der Firma untreu geworden war- hat siebentausend Opfer und sieben Milliarden Dollar Sachschaden gekostet, aber fast alle Opfer waren arm, und arm waren die zerstörten Stadtviertel, so daß die Welt keine große Mühe hatte, die Schultern zu zucken und alles gewähren zu lassen. Mit absoluter Straflosigkeit haben die Vereinigten Staaten einen neuen Kanalverwalter eingesetzt, um die Erfüllung der Verträge zu verhindern, und außerdem einen neuen Staatspräsidenten. Der neue Präsident, der dickleibige Endara, widmet sich einem Hungerstreik, um dagegen zu protestieren, daß das Imperium die Verräter nicht belohnt, während Panama die alltägliche Erniedrigung fremder Besatzung erleiden muß.

* * *

Von ihrem Mutterhaus aus, und über ihre vielen Filialen, verführt uns die Fakultät der Straflosigkeit dazu, uns nicht zu mögen und uns nicht zu glauben. Ihre Professoren fordern uns auf, die Vergangenheit zu vergessen, damit wir nicht in der Lage sind, uns an die Zukunft zu erinnern. Und so lehren sie uns jeden Tag Resignation. Jeden Tag lernen wir, selbst zu resignieren, um überleben zu können. Aber kürzlich schrieb ein rebellischer Schüler an eine Mauer in einem Stadtviertel von Lima: *„Wir wollen nicht überleben. Wir wollen leben"*. Er sprach für viele.

(1990)

DAS OBDACHLOSE KIND

In Bukarest trägt ein Kran die Statue Lenins fort. In Moskau steht eine gierige Menschenmenge Schlange vor den Türen von McDonald's. Die abscheuliche Berliner Mauer wird in Stückchen verkauft, und Ostberlin bestätigt, daß es zur Rechten Westberlins liegt. In Warschau und in Budapest reden die Wirtschaftsminister ganz genau so wie Margaret Thatcher. In Peking auch, während die Panzer die Studenten niederwalzen. Die Kommunistische Partei Italiens, die größte im Westen, verkündet ihren baldigen Selbstmord. Die sowjetische Hilfe für Äthiopien wird geringer und Oberst Mengistu entdeckt, urplötzlich, daß der Kapitalismus gut ist. Die Sandinisten, Protagonisten der schönsten Revolution der Welt, verlieren die Wahlen: „In Nicaragua stürzt die Revolution", so lauten die Zeitungsschlagzeilen.

Es scheint, daß es keinen Platz mehr gibt für die Revolutionen, es sei denn in den Vitrinen des Archäologischen Museums - und es gibt keinen Platz mehr für die Linke, außer für die reumütige Linke, die bereit ist, sich zur Rechten der Bankiers zu setzen. Wir sind alle zur weltweiten Beerdigung des Sozialismus eingeladen. Zum Trauerzug gehört, so sagt man, die ganze Menschheit.

Ich gebe zu, daß ich dem nicht recht traue. Diese Beerdigung hat sich im Toten geirrt.

In Nicaragua zahlen die Gerechten für die Sünder

Die Perestroika und die Sehnsucht nach Freiheit, die die Perestroika entfesselt hat, ließen allenthalben die Nähte einer erstickenden Zwangsjacke aufplatzen. Alles explodiert. Im schwindelerregenden Rhythmus vervielfachen sich die Veränderungen, von der Gewißheit ausgehend, daß die soziale Gerechtigkeit keineswegs Feindin der Freiheit oder der Effizienz zu sein hat. Eine dringende kollektive Notwendigkeit: die Menschen ertrugen es nicht mehr, die Menschen hatten eine ebenso mächtige wie sinnlose Bürokratie satt, die ihnen im Namen Marx' verbot, zu sagen, was sie dachten, und zu leben, wie sie fühlten. Jede Spontaneität machte sich des Verrats oder des Irrsinns schuldig.

Sozialismus, Kommunismus ? Oder war dies alles lediglich ein historischer Betrug ? Ich schreibe aus der Sicht Lateinamerikas und frage mich: wenn es so war, wenn es denn so wäre, warum sollen wir die Kosten dieses Betruges tragen ? In diesem Spiegel war nie unser Gesicht zu sehen.

Bei den letzten Wahlen in Nicaragua hat die nationale Würde eine Schlacht verloren. Sie wurde von Hunger und von Krieg besiegt; aber sie wurde auch von den internationalen Winden besiegt, die kräftiger denn je gegen die Linken blasen. Ungerechterweise bezahlten die Gerechten für die Sünder. Die Sandinisten sind weder für den Krieg noch für den Hunger verantwortlich; und nicht der geringste Anteil an Schuld fiel ihnen für all das zu, was im Osten geschah. Paradoxie: diese demokratische, pluralistische und selbständige Revolution, die weder die Sowjets nachgeahmt hat noch die Chinesen, noch die Kubaner noch jemanden sonst, hat das Scherbengericht anderer bezahlt, während die Kommunistische Partei für Violeta Chamorro stimmte.

Die Verantwortlichen des Krieges und des Hungers feiern jetzt das Ergebnis der Wahlen, mit dem die Opfer bestraft werden. Am nächsten Tag kündigte die US-Regierung das Ende des Wirtschaftsembargos gegen Nicaragua an. Dasselbe war schon in früheren Jahren geschehen, nach dem Militärputsch in Chile. Am ersten Tag nach dem Tod des Präsidenten Allende stieg der Weltpreis des Kupfers auf wundersame Weise an.

Wahr ist, daß die Revolution, die die Diktatur der Somoza-Familie stürzte, in diesen zehn langen Jahren nicht eine einzige Minute Feuerpause hatte. Sie wurde tagtäglich von einer fremden Macht und ihren angemieteten Kriminellen überfallen, und wurde einer immerwährenden Belagerung durch Bankiers und Händler aller Herrenländer unterworfen. Und trotz alledem hat sie es geschafft, eine zivilisiertere Revolution zu machen als die Franzosen, weil niemand guillotiniert oder erschossen wurde, und toleranter als die US-Amerikaner, weil sie inmitten des Krieges die freien Meinungsäußerungen der örtlichen Vertreter des Kolonialherren -mit einigen Einschränkungen- zuließ.

Die Sandinisten haben Nicaragua alphabetisiert, haben die Kindersterblichkeit erheblich heruntergesetzt und den Bauern Land gegeben. Aber der Krieg hat das Land ausgeblutet. Die Kriegsschäden entsprechen eineinhalb Mal dem Bruttosozialprodukt, das heißt: Nicaragua wurde eineinhalb Mal zerstört. Die Richter des Internationalen Gerichtshofes in Den Haag fällten ein Urteil gegen die US-amerikanische Aggression, und dennoch hat es nichts genützt. Ebenso wenig nützten die Glückwünsche der Organisationen der Vereinten Nationen für Erziehung, Ernährung und Gesundheit. Applaus läßt sich nicht essen.

Die Invasoren haben selten militärische Objekte angegriffen. Ihre beliebtesten Ziele waren die landwirtschaftlichen Genossenschaften. Wie viele tausend Nicaraguaner wurden in diesem Jahrzehnt - auf Befehl der Regierung der USA- getötet oder verletzt ? Bezogen auf die US-Bevölkerung, wären es drei Millonen Menschen gewesen. Und dennoch haben in diesen Jahren viele tausend Nordamerikaner Nicaragua besucht, sie wurden immer gut aufgenommen, und niemandem geschah etwas. Nur einer starb. Die Contras haben ihn getötet. (Er war sehr jung und war ein Ingenieur und ein Clown. Immer folgte ihm ein Haufen Kinder. Er hat in Nicaragua die erste Clownschule aufgebaut. Die Contras haben ihn getötet, während er einen See vermaß, um eine Talsperre zu bauen. Er hieß Ben Linder).

Die tragische Einsamkeit Kubas

Aber Kuba, wie ist es damit ? Vollzieht sich dort nicht, wie es im Osten geschah, eine Spaltung zwischen der Macht und den Menschen ? Sind nicht auch dort die Menschen der einzigen Partei überdrüssig, der einzigen Presse und der einzigen Wahrheit ?

,, Wenn ich Stalin bin, dann erfreuen sich meine Toten bester Gesundheit", sagte Fidel Castro - und fürwahr ist dies nicht der einzige Unterschied. Kuba hat nicht von Moskau ein vorfabriziertes Modell vertikaler Macht importiert, sondern es wurde gezwungen, sich in eine Festung zu verwandeln, damit der allmächtige Feind es nicht zum Mittagessen mit Messer und Gabel verspeist. Und es war unter diesen Bedingungen, daß dieses kleine unterentwickelte Land einiges bewundernswert Rühmliches schaffte: Heutzutage hat Kuba eine geringere Analphabetenrate und eine niedrigere Kindersterblichkeit als die USA. Außerdem, und im Unterschied zu verschiedenen Ländern des Ostens, wurde der kubanische Sozialismus nicht orthopädisch von oben und von außen durchgesetzt, sondern wurde aus dem Innersten geboren und ist von ganz unten herangewachsen. Die vielen Kubaner, die für Angola gestorben sind oder -ohne Gegenleistung- für Nicaragua das Beste von sich gaben, haben keineswegs unterwürfig und gegen ihre Überzeugung die Befehle eines Polizei-Staates ausgeführt. Wenn es denn so gewesen wäre, wäre es unerklärlich: es gab nie Deserteure und immer war die volle Hingabe spürbar.

Jetzt durchlebt Kuba Stunden tragischer Einsamkeit. Gefährliche Stunden: die Invasion Panamas und die Auflösung des sogenannten sozialistischen Lagers beeinflussen auf die denkbar schlechteste Weise - so fürchte ich - den internen Prozeß, indem sie die Neigungen bürokratischen Stumpfsinns, ideologischer Versteifung und der Militarisierung der Gesellschaft fördern.

Kopf und Zahl der neuen Zeiten

Gegenüber Panama, Nicaragua oder Kuba beruft sich die Regierung der Vereinigten Staaten auf die Demokratie, ebenso wie die Regierungen des Ostens sich auf den Sozialismus beriefen: nur zum Schein. Im Laufe dieses Jahrhunderts wurde Lateinamerika mehr als hundert Mal von den Vereinigten Staaten überfallen. Immer im Namen der Demokratie, und immer, um Militärdiktaturen oder Marionetten-Regierungen einzusetzen, die das bedrohte Geld retteten. Das imperialistische Machtsystem will keine demokratischen Länder. Es will erniedrigte Länder.

Die Invasion Panamas war ein Skandal, mit siebentausend Bombenopfern zwischen den Trümmern der Armenviertln; aber ein noch größerer Skandal als der Angriff selbst ist die Straflosigkeit, mit der er sich vollzog. Die Straflosigkeit, die zur Wiederholung des Verbrechens verleitet, stimuliert den Verbrecher. Diesem Verbrechen gegen die Souveränität hat der Präsident François Mitterrand seinen diskreten Beifall gezollt, und die ganze Welt verschränkte die Arme, nachdem man den kleinen Obulus der einen oder anderen Erklärung entrichtet hatte.

In diesem Sinne erscheint äußerst vielsagend das Schweigen, wenn nicht sogar das schlecht verhüllte Wohlwollen einiger Länder des Ostens: bedeutet die Befreiung des Ostens grünes Licht für die Unterdrückung durch den Westen? Ich habe nie die Meinung jener geteilt, die den Imperialismus im karibischen Raum verurteilten, aber zugleich klatschten oder zumindest den Mund hielten, wenn die nationale Souveränität in Ungarn, Polen, Tscheckoslowakei oder Afghanistan mit Füßen getreten wurde. Ich kann es sagen, weil ich kein Angsthase bin: das Recht der Völker auf Selbstbestimmung ist unantastbar, an jedem Ort und zu jeder Zeit.

Zutreffend sagt man, daß die demokratischen Reformen von Gorbatschow möglich waren, weil die Sowjetunion nicht Gefahr lief, von der Sowjetunion besetzt zu werden. Umgekehrt stimmt es genauso, so erzählt man sich, daß die Vereinigten Staaten vor Rebellionen in den Kasernen und militärischen Diktaturen gefeit seien, weil es in den Vereinigten Staaten keine US-Botschaft gibt.

Ohne den Schatten eines Zweifels ist Freiheit immer eine gute Nachricht. Für den Osten, der sie mit berechtigtem Jubel erlebt, und für die ganze Welt. Aber ist anderseits das Lob auf das Geld und die Tugenden des Marktes eine gute Nachricht? Die Vergötzung des „american way of life"? Und die treuherzigen Illusionen auf Einzug in den Internationalen Club der Reichen? Die Bürokratie, die sich nur bewegt, um sich zu arrangieren, paßt sich sehr schnell der neuen Situation an, und die alten Bürokraten fangen schon an, sich in neue Bourgeois zu verwandeln.

Aus der Sicht Lateinamerikas und der sogenannten „Dritten Welt", so muß man feststellen, hatte der inzwischen verschiedene sowjetische Block wenigstens eine grundlegende Tugend: er ernährte sich nicht von der Armut der Armen, er beteiligte sich nicht an der Ausbeutung des kapitalistischen Weltmarktes, sondern er half, die Gerechtigkeit in Kuba, Nicaragua und vielen anderen Ländern zu finanzieren. Ich vermute, daß daran schon bald mit Nostalgie erinnert wird.

Ein erfüllter Alptraum

Für uns ist der Kapitalismus kein zu erfüllender Traum, sondern ein bereits erfüllter Alptraum. Unsere Herausforderung besteht nicht darin, den Staat zu privatisieren, sondern ihn zu entprivatisieren. Unsere Staaten wurden von den Herren des Landes und der Banken, und von allen anderen, zu einem Spottpreis gekauft. Und der Markt ist für uns nichts weiter als ein Piratenschiff: je freier, desto schlimmer. Der Binnenmarkt ebenso wie der Weltmarkt. Der internationale Markt überfällt uns mit beiden Händen. Die kommerzielle Hand verkauft an uns immer teurer und kauft von uns jedes Mal billiger. Die finanzielle Hand, die uns unser eigenes Geld leiht, zahlt uns jedes Mal weniger und verlangt jedes Mal mehr dafür.

Wir wohnen in einer Region europäischer Preise und afrikanischer Löhne, wo der Kapitalismus genau so handelt wie jener gute Mann, der sagte: ,, Mir gefallen die Armen so sehr, daß es mir immer so vorkommt, als gäbe es noch nicht genug von ihnen". Um nur ein Beispiel zu nennen: *in Brasilien tötet das System tausend Kinder am Tag durch Krankheit oder Hunger.* In Lateinamerika ist der Kapitalismus antidemokratisch, mit oder ohne Wahlen: die Mehrheit der Menschen sind Gefangene der Not und zur Einsamkeit und Gewalt verurteilt. Der Hunger lügt, die Gewalt lügt: sie behaupten, der Natur anzugehören, sie geben vor, ein Teil des natürlichen Laufs der Dinge zu sein. Wenn diese ,,Naturordnung" durcheinander gerät, betritt das Militär -vermummt oder mit offenem Gesicht- die Bühne.

Schrittchen für Schrittchen

Die Wahlen in Nicaragua waren ein sehr harter Schlag. Ein Schlag wie der Haß Gottes, wie der Dichter schrieb. Als ich das Ergebnis erfuhr, wurde ich - und bin es noch heute - ein obdachloses Kind, ein den Unbilden des Lebens ausgesetztes Kind. Ein verlorenes Kind, sage ich, aber nicht ein verlassenes. Wir sind viele. Auf der ganzen Welt sind wir viele.

Manchmal fühle ich, daß man uns sogar die Wörter gestohlen hat. Das Wort Sozialismus wird im Westen dazu gebraucht, die Ungerechtigkeit zu schminken; im Osten beschwört es das Fegefeuer oder gar die Hölle herauf. Das Wort Imperialismus ist aus der Mode gekommen und existiert nicht mehr im politischem Wörterbuch der Herrschenden, auch wenn der Imperialismus in der Tat existiert und ausraubt und tötet. Und das Wort Militanz ? Und die militante Leidenschaft als solche ? Für die Theoretiker der Enttäuschung ist sie nur lächerlicher, alter Plunder. Und für die Reumütigen: ein Hemmschuh ihrer Erinnerung.

In wenigen Monaten haben wir am tosenden Untergang eines Systems teilgenommen, das den Sozialismus usurpierte, das das Volk wie eine ewige Minderjährige behandelte und es an den Ohren führte. Aber vor drei oder vier Jahrhunderten verleumdeten die Inquisitoren ihren Gott, als sie sagten, daß sie seinen Befehlen gefolgt seien; und ich glaube, daß das Christentum nicht die Heilige Inquisition ist. In unseren Zeiten haben die Bürokraten die Hoffnung entwürdigt, und sie haben das schönste aller menschlichen Abenteuer in den Dreck gezogen; aber ich glaube eben auch, daß Sozialismus nicht gleich Stalinismus ist.

Jetzt muß man neu anfangen. Schrittchen für Schrittchen, ohne andere Schutzschilder als jene, die unseren Körpern eigen sind. Man muß entdecken, erfinden, vorstellen. In der Rede, die Jesse Jackson - in den USA - kurze Zeit nach seiner Niederlage hielt, beanspruchte er das Recht, zu träumen: ,,Wir werden dieses Recht verteidigen", sagte er, und: ,,Wir werden es nicht erlauben, daß irgendjemand uns dieses Recht entreißt". Und heute ist es mehr denn je nötig, zu träumen. Zusammen Träume träumen, die sich ent-träumen und in sterblicher Materie wieder Fleisch werden, wie es ein anderer Dichter sagte und wollte. Für dieses Recht streitend, leben meine besten Freunde; und für dieses Recht hat manch einer von ihnen sein Leben gegeben.

Dies ist mein Bekenntnis. Bekenntnis eines Dinosauriers ? Vielleicht. Auf alle Fälle ist es das Bekenntnis von einem, der daran glaubt, daß die Menschheit nicht zum Egoismus und zur obszönen Jagd auf das Geld verurteilt ist; und daß der Sozialismus noch nicht gestorben ist, denn er war noch nicht: heute sei der erste Tag des langen Lebens, das er noch zu leben hat.

(1990)

DIE VERACHTUNG ALS SCHICKSAL

1.

Ende der Geschichte ? Für uns ist das nichts Neues. Schon vor fünf Jahrhunderten hat Europa verfügt, daß in Amerika die Erinnerung und die Würde ein Delikt seien. Die neuen Herren dieser Länder verboten, an die Geschichte zu erinnern, und verboten auch, sie zu machen. Seitdem können wir sie nur hinnehmen.

2.

Schwarze Haut, weiße Perücken, schillernde Kronen, glitzernde Seidenumhänge: im Karneval von Rio de Janeiro träumen die Ausgehungerten alle zusammen und sind Könige für eine Weile. In vier Tagen erlebt das musikalischste Volk der Welt sein kollektives Delirium. Und am Aschermittwoch, mittags, ist Schluß mit der Feier. Die Polizei nimmt jene fest, die noch verkleidet herumlaufen. Die Armen lassen ihre Federn, schminken sich ab, sie reißen sich die sichtbaren Masken ab -Masken, die sie demaskieren, Masken der flüchtigen Freiheit-, und setzen sich die anderen -die unsichtbaren- Masken auf, die das Gesicht verleugnen: die Masken der Routine, des Gehorsams und des Elends. Bis der nächste Karneval kommt, waschen die Königinnen wieder die Teller und die Prinzen fegen die Straßen.

Sie verkaufen Zeitungen, die sie nicht lesen können, sie nähen Sachen, die sie nicht tragen können, polieren Autos, die niemals die ihrigen sein werden, und bauen Häuser, die sie nie bewohnen werden. Mit ihrer billigen Arbeitskraft bieten sie billige Produkte für den Weltmarkt an.

Sie machten Brasilia, und aus Brasilia wurden sie vertrieben.

Jeden Tag machen sie Brasilien, und Brasilien ist ihr Land des Exils.

Sie können nicht Geschichte machen. Sie sind dazu verurteilt, sie zu ertragen.

3.

Ende der Geschichte. Die Zeit geht in Rente, die Welt hört auf, sich zu drehen. Morgen ist ein anderer Name für heute. Der Tisch ist gedeckt; und die westliche Zivilisation verweigert niemandem das Recht, die Brosamen zu erbetteln.

Ronald Reagan wacht auf und sagt: „Der Kalte Krieg ist vorbei. Wir haben gewonnen". Und Francis Fukuyama, ein Beamter des State Department, erfährt plötzlich Erfolg und Ruhm mit der Entdeckung, das Ende des Kalten Krieges sei das Ende der Geschichte. Der Kapitalismus, der vorgibt, liberale Demokratie zu heißen, ist der Ankunftshafen aller Reisen, „die endgültige Form menschlichen Regierens". Stunden der Glorien. Es gibt keinen Klassenkampf mehr, und im Osten gibt es keine Feinde mehr, nur Verbündete. Der freie Markt und die Konsumgesellschaft erringen den universellen Konsens, der durch den historischen Umweg der kommunistischen Fata Morgana verzögert wurde. So wie die Französische Revolution es wollte, sind wir jetzt alle frei und gleich und brüderlich. Und alle sind Eigentümer. Königreich der Habsucht, irdisches Paradies.

Wie Gott, hält auch der Kapitalismus von sich selbst am meisten und zweifelt nicht an der eigenen Unsterblichkeit.

4.

Willkommen sei der Fall der Berliner Mauer, sagt der peruanische Diplomat Carlos Alzamora in einem kürzlich erschienenen Artikel; aber er sagt, daß die andere Mauer, die die arme Welt von der üppigen Welt trennt, höher reicht denn je. Eine weltweite Apartheid: der in Europa immer stärker aufkommende Rassismus, die Intoleranz und die Diskriminierung bestrafen die Eindringlinge, die über jene hohe Mauer springen, um in die Zitadelle des Wohlstands einzudringen.

Es ist offensichtlich: die Berliner Mauer ist eines guten Todes gestorben, aber sie hat noch nicht einmal dreißig Lebensjahre vollendet, während die andere Mauer sehr bald ihre fünf Jahrhunderte feiert. Der ungleiche Handel, die finanzielle Erpressung, die Abschöpfung des Kapitals, das Monopol über die Technologie und die Information und die kulturelle Bevormundung sind die Ziegelsteine, die Tag für Tag hinzukommen, in dem Maße, wie der Abfluß des

Reichtums und der Souveränität von Süden nach Norden sich verstärkt.

5.

Je freier das Geld, umso schlimmer für die Menschen. Der wirtschaftliche Neoliberalismus, den der Norden dem Süden als Ende der Geschichte aufzwingt, als einziges und endgültiges System, zieht zur Unterdrückung die Fahnen der Freiheit auf. Im freien Handel ist der Sieg des Stärkeren ebenso natürlich wie die Vernichtung des Schwächeren legitim ist. So hebt sich der Rassismus selbst zur Kategorie einer wirtschaftlichen Doktrin empor. Der Norden bestätigt die gottbefohlene Gerechtigkeit; Gott belohnt die auserwählten Völker und bestraft die niederen Rassen, biologisch zur Faulheit, Gewalt und Ineffizienz verurteilt. An einem einzigen Arbeitstag verdient ein Arbeiter aus dem Norden mehr als ein Arbeiter des Südens in einem halben Monat.

6.

Hungerlöhne, niedrige Kosten, ruinöse Preise auf dem Weltmarkt.

Der Zucker ist eines der zu Instabilität und Preisverfall verurteilten lateinamerikanischen Produkte. Lange Jahre hindurch gab es eine Ausnahme: die Sowjetunion zahlte einen angemessenen Preis für den kubanischen Zucker. Jetzt reibt sich der triumphierende Kapitalismus - voller Euphorie - die Hände. Es gibt genug Anzeichen dafür, daß dieses Handelsabkommen nicht mehr lange halten wird. Und niemandem fällt es ein, daß diese beispielhafte Ausnahme die mögliche Schaffung einer gerechteren neuen internationalen Ordnung ankündigen könnte, als eine Alternative zur systematischen Ausbeutung, welche die Techniker „*Beeinträchtigung der Terms of Trade*" nennen.

Die geltende Ordnung ist die einzig mögliche: der räuberische Handel ist das Ende der Geschichte.

7.

Um den Cholesterinspiegel besorgt und den Hunger vergessend, übt sich der Norden dennoch in Barmherzigkeit. Mutter Theresa von Calcutta ist effizienter als Karl Marx. Die Hilfe des Nordens für den Süden ist geringer als die feierlich vor den Vereinten Nationen versprochenen Trinkgelder, aber sie dient dem Norden dazu, den Kriegsschrott zu versetzen, ebenso überschüssige Ware und Entwicklungsprojekte, die den Süden unterentwickeln.

Dagegen hat in den letzten fünf Jahren der Süden dem Norden eine unendliche größere Summe gespendet, die zu konstanten Preisen zwei volle Marshall-Pläne bedeutet, um Zinsen, Gewinne, Royalties und verschiedene koloniale Tribute zu entrichten. Und währenddessen nehmen die Gläubigerbanken des Nordens die Schuldnerstaaten des Südens auseinander und kassieren zum Nulltarif unsere öffentlichen Betriebe.

Gut, daß es den Imperialismus nicht gibt. Keiner erwähnt ihn mehr; soll heißen: es gibt ihn nicht mehr. Auch diese Geschichte ist zuende.

8.

Aber: wenn die Imperien und ihre Kolonien in den Schaufenstern des Museums der Antiquitäten ruhen, warum sind dann die herrschenden Länder weiterhin bis an die Zähne bewaffnet? Wegen der sowjetischen Gefahr? Diesen Vorwand nehmen ihnen noch nicht einmal mehr die Sowjets ab. Wenn der Eiserne Vorhang weggeschmolzen ist und die Bösen von gestern die Guten von heute sind, warum fabrizieren und verkaufen die Mächtigen weiterhin Waffen und Angst?

Der Etat der US-amerikanischen Luftstreitkräfte ist größer als die Summe aller Etats für die Schulbildung in der sogenannten „Dritten Welt". Vergeudung der Ressourcen? Oder Ressourcen für die Verteidigung der Vergeudung? Diese ungleiche Aufteilung der Welt, die vorgibt, ewig zu sein - könnte sie sich auch nur einen Tag aufrechterhalten, wenn sich die Länder und die sozialen Klassen, die sich den Planeten gekauft haben, entwaffnen ließen?

Dieses am Konsumrausch und an der Arroganz erkrankte System, das sich gierig die Länder, die Meere, die Luft und den Himmel einverleibt, hält eisern Wache am Fuße der hohen Mauer der Macht. Es schläft nur mit einem geschlossenen Auge, und der Gründe hierfür sind nicht zu knapp.

Das Ende der Geschichte ist ihre Todesnachricht. Das System, das die kannibalische Weltordnung selig spricht, sagt uns:" Ich bin Alles. Nach mir kommt das Nichts".

9.

Am Bildschirm eines Computers entscheidet sich das Glück oder das Pech von Millionen von Menschen. In den Zeiten der Superunternehmen und der Supertechnologie sind einige die Händler und die anderen sind -wir sind- die Ware. Die Magie des Marktes bestimmt den Wert der Sachen und der Menschen.

Die lateinamerikanischen Produkte sind immer weniger wert. Wir Lateinamerikaner auch.

Der Papst in Rom hat energisch die flüchtige Blockade - besser gesagt: angedrohte Blockade - gegen Litauen verurteilt, aber der Heilige Vater hat nie einen Pieps gesagt zu der Blockade gegen Kuba, die schon dreißig Jahre währt, und auch nicht zur Blockade gegen Nicaragua, die immerhin zehn Jahre dauerte. Normal. Und normal ist auch, wenn schon wir lebenden Lateinamerikaner so wenig wert sind, daß unsere Toten hundert Mal weniger gelten als die Opfer des heute zerfallenden Imperiums des Bösen. Noam Chomsky und Edward Herman haben sich der Mühe unterzogen, den Platz auszumessen, den wir in den wichtigsten US-amerikanischen Masenmedien verdienen. Jerzy Popieluszko, der 1984 vom Staatsterror Polens ermordete Priester, hat mehr Platz eingenommen als der Mord an einhundert Priestern in Lateinamerika - Opfer des Staatsterrors der letzten Jahren.

Sie haben uns die Verachtung als Gewohnheit aufgezwungen. Und nun verkaufen sie uns die Verachtung als Schicksal.

10.

Der Süden lernt Erdkunde mit Weltkarten, die ihn auf die Hälfte seiner tatsächlichen Größe verkleinern. Werden die Karten der Zukunft den Süden ganz aussparen ?

Bis jetzt war Lateinamerika das Land der Zukunft. Feiger Trost; aber immerhin etwas. Jetzt sagt man uns, daß die Zukunft schon gegenwärtig ist.

(1990)

EIN KRIEG VOLL LUG UND TRUG

I. Fragen des ersten Tages

Der Krieg, wofür ?

Um zu beweisen, daß das Recht auf Invasion ein Privileg der Großmächte ist, und daß Hussein mit Kuwait nicht das machen kann, was Bush mit Panama macht ?

Damit die sowjetische Armee ungestraft Litauer und Letten verprügeln kann ?

Damit Israel weiterhin den Palästinensern antut, was dem sehr ähneln könnte, das Hitler mit den Juden machte ?

Damit die Araber das Abschlachten der arabischen Brüder finanzieren ?

Um klarzumachen, daß das Erdöl nicht angefasst werden darf ?

Oder damit es weiterhin unerläßlich bleibt, daß die Welt jede Minute zwei Millionen Dollar an Waffen verpulvert, auch jetzt, da der Kalte Krieg zuende ist ?

Und wenn an irgendeinem dieser Tage, vor lauter Kriegsspielerei, die Welt in die Luft geht ? Diese in Arsenal und Kaserne verwandelte Welt ?

Wer hat das Schicksal der Menschheit an eine Handvoll Verrückter, Habgieriger und Schlägertypen verkauft ?

Wer wird überleben, um zu sagen, daß deren Verbrechen unser Selbstmord war ?

II. Bilder des dritten Tages

Das verkaufsfördernde Bild: Der Krieg als Spektakel. Die Stars der Operation 'Desert Storm' sind der Dow Jones Index und der Ölpreis, begleitet von einer großen Truppe von Flinken Wieseln, Wespen, Vampiren, Raketen, Anti-Raketen-Raketen, Anti-Anti-Raketen-Raketen, und vielen Statisten, die verschreckt unter ihren Marsmenschen-Masken stecken.

166

Das ausgetauschte Bild: Saddam Hussein. Er ist der Bösewicht. Vorher war er der Held.

Seit dem Fall der Berliner Mauer hat der Westen keine Feinde mehr. Die Kriegswirtschaft in Friedenszeiten, als Grundlage des Wohlstandes der Wohlhabenden, verlangt nach Feinden. Wenn aber keiner droht, wofür gibt es dann noch auf der Welt einen Soldaten auf vierzig Einwohner, aber nicht mehr als einen Arzt auf tausend? Hussein war der Freien Welt nützlich gegen den Hitler aus Teheran. Es gab keinen besseren Kunden für die Rüstungsindustrie. Und jetzt ist er der Hitler von Bagdad. Das Fernsehen zeigt seine Augen: die eines verrückten Fanatikers. Die Gefahr des irakischen Fundamentalismus hat die Gefahr des iranischen Fundamentalismus ersetzt.

Hussein betet. Bush betet. Der Papst betet. Alle beten. Alle glauben an Gott. Aber Gott selbst, an wen glaubt er?

Das steinerne Bild: Präsident Bush erläutert den Krieg. Das frühere Heldentum der Welt gegen Hitler beschwörend, spricht Bush im Namen der Alliierten. Die Alliierten werden ein kleines, von einem gewalttätigen und ehrgeizigen Nachbarn geknechtetes Land befreien. Panama? Nein, dieses kleine Land heißt Kuwait.

Aber die Invasion Kuwaits war ja nicht nur ein Akt unbestreitbarer Verantwortungslosigkeit und Haudegentums. Es war auch ein Akt der Stupidität: mit der Invasion hat Hussein auf einem Tablett den Vorwand geliefert, den Bush benötigte. Und jetzt, alle gegen einen: achtundzwanzig Nationen begleiten diese glorreiche Operation, die dazu dient, die US-amerikanische Hegemonie auf diesem Planeten zu retten.

Mit Hilfe des Krieges festigen die Vereinigten Staaten ihre bedrohte Macht. Vonn innen bedroht durch eine Rezession, die in dem Land aufkommt, das die höchste Auslandsverschuldung der Welt hat. Und bedroht von außen, von der unaufhaltsamen Konkurrenz der Japaner und der vereinigten Deutschen. Ein alarmierendes Indiz: sie haben eine dreimal geringere Produktivität als Japan und eine zweimal geringere als Europa.

Das aufschlußreiche Bild: Die Verweigerung von Helmut Kohl, so vielsagend wie das fast vollständige Schweigen der Japaner. Die

Rivalen der Vereinigten Staaten hängen vom Öl aus dem Persischen Golf ab, das den Vereinigten Staaten gehört - den Vereinigten Staaten und England, der treuen Kolonie seiner ehemaligen Kolonie.

Das bedauerliche Bild: Russische Soldaten senden eine Nachricht von Moskau nach Washington. Es sind Veteranen der Invasion von Afghanistan. Sie bieten sich an, den Irak zu besetzen.

Der Osten ist nicht mehr der Gegengewicht des Westens. Eine neue Ära: die Vereinigten Staaten können ungestraft ihre Rolle als Weltpolizist ausüben. Und man weiß schon, daß dieses Land, das nie von jemandem besetzt wurde, die alte Angewohnheit hat, andere Länder zu okkupieren. In zwei Jahrhunderten staatlicher Unabhängigkeit gab es mehr als zweihundert bewaffnete Überfälle auf andere, unabhängige Staaten.

Das vielsagende Bild: Pérez de Cuellar, im Lichtschatten, das Gesicht zwischen den Händen. Geschaffen für den Frieden, sind die Vereinten Nationen jetzt ein Instrument des Krieges. Der Sicherheitsrat hat grünes Licht gegeben. Der Sowjetunion schien das angebracht. China widersetzte sich nicht. Kuba und Jemen stimmten dagegen.

Irak wird bestraft, weil es sich weigerte, einer UNO-Resolution Folge zu leisten. Zuvor hatten sich die Vereinigten Staaten geweigert, mehrere UNO-Resolutionen zu Nicaragua zu befolgen. Auch Israel hat sich geweigert, die verschiedenen Resolutionen über die besetzten Gebiete zu erfüllen. Aber die Welt hat ihnen deswegen nicht den Krieg erklärt.

Das unheilvolle Bild: Der König Fahd und der Emir von Kuwait, die reichsten Männer der Welt, und die anderen Gangster der Wüste - Monarchen einer Opera Buffa, die Länder verwalten, welche das Britische Imperium in seinen guten Zeiten gekauft oder erfunden hat. Die Petrokratien verkörpern, in dieser blutigen Fernsehschnulze, die Demokratie. Und am Ende zahlen sie die Zeche. Wozu das Öl nicht alles gut ist.

Das euphorische Bild: Der Jubel an der Wall Street, am dritten Tag. Die New Yorker Börse verzeichnet eine der höchsten Steigerungen der Geschichte. Währenddessen fällt der Ölpreis. Anders gesagt: die Normalität des Marktes ist wiederhergestellt. Im Kriegsgebiet liegt mehr als die Hälfte der Ölreserven der ganzen Welt, <u>aber</u> das Verschwendungsrecht der Konsummächte scheint gesichert zu sein. Die Energie der Erde kann weiter verfeuert werden. Tiefe Besorgnis hatte zuvor ein falscher Alarm ausgelöst: Nein, Europa wird seinen Konsum nicht um sieben Prozent drosseln müssen. Die Autos atmen erleichtert auf. Die Fernsehapparate auch. Dieser Krieg hat alle Einschalt-Rekorde überholt.

Das eisige Bild: Die Technokraten des Todes. Die Kriegskunst, der Kannibalismus als Gastronomie: die Generäle erklären die Fortschritte des Vernichtungsplanes. Man sieht Landkarten ohne Bewohner, oder Bildschirme von Video-Spielen, auf denen weiße Kreuzchen das Ziel des Bombenhagels bezeichnen.

Das ermutigende Bild: Die Friedensdemonstrationen. Hände, die Rosen und brennende Kerzen tragen. Das Fernsehen verheimlicht sie; aber in einigen Städten sind es große Menschenmengen, die laufen und glauben. Sie glauben, der Krieg ist nicht unser Schicksal.

Das tragische Bild: Das nicht übertragene. Das fehlende, das zensierte Bild: die Toten, die Verletzten, die Amputierten. Menschenleben, nur ein Detail.

(1991)

IHNEN GLEICH SEIN

für Karl-Ludolf Hübener

Die Träume und die Alpträume werden aus dem gleichen Material geschaffen, aber dieser Alptraum behauptet, unser einzig erlaubter Traum zu sein: ein Entwicklungsmodell, welches das Leben verachtet und die Sachen anbetet.

Können wir ihnen gleich sein ?

Versprechen der Politiker, Rechtfertigung der Technokraten, Phantasie der Entrechteten: die Dritte Welt wird sich zur Ersten Welt wandeln, und sie wird reich und gebildet und glücklich sein, wenn sie sich nur gut benimmt und wenn sie das macht, was man ihr befiehlt, ohne Wenn und Aber. Das gute Benehmen der Hungerleider wird mit einer Zukunft voller Wohlstand belohnt, im allerletzten Kapitel des Großen Buches der Geschichte. *Wir können ihnen gleich sein,* verkündet die riesige Leuchtreklame auf der Straße der Entwicklung und Modernisierung den Unterentwickelten und Rückständigen.

Aber was nicht sein kann, kann nicht sein, und außerdem ist es unmöglich, wie Pedro el Gallo, der Torero, so zutreffend sagte: wenn die armen Länder zum Produktions- und Verschwendungsniveau der reichen Länder aufstiegen, würde der Planet sterben. Unser unglücksseliger Planet befindet sich schon im Komazustand, schwer vergiftet durch die industrielle Zivilisation und ausgewrungen bis auf den vorletzten Tropfen von der Konsumgesellschaft.

In den letzten zwanzig Jahren, während die Menschheit sich verdreifachte, hat die Erosion ein Gebiet von der Größe der gesamten landwirtschaftlichen Anbaufläche der USA ermordet. Die Welt, nur noch Handelsplatz und Handelsware, verliert fünfzehn Millionen Hektar Waldgebiete pro Jahr. Davon verwandeln sich sechs Millionen in Wüste. Die Natur, gedemütigt, wurde in den Dienst der Kapitalakkumulation gestellt. Man vergiftet die Erde, das Wasser und die Luft, auf daß das Geld mehr Geld schöpfe, ohne die Gewinne zu schmälern. Effizient ist jener, der in der kürzesten Zeit am meisten verdient .

Der saure Regen der industriellen Abgase ermordet die Wälder und die Seen im Norden des Planeten, während die Abfälle Flüsse und Meere vergiften; und im Süden schreitet die Industrie der Agrarexporte voran - sie walzt Bäume und Menschen nieder. Im Norden und im Süden, im Osten und im Westen sägt der Mensch in enthusiastischem Delirium an dem Ast, auf dem er sitzt.

Vom Wald zur Wüste: Modernisierung ist Verwüstung. Im nie erlöschenden Fegefeuer Amazoniens verbrennt jedes Jahr halb Belgien, verfeuert von der Zivilisation der Habsucht, und in ganz Lateinamerika versteppt und vertrocknet die Erde. In Lateinamerika sterben jede Minute zweiundzwanzig Hektar Wald, das meiste von Betrieben geopfert, die Fleisch oder Holz für den massenhaften Konsum produzieren. Die Rinder von Costa Rica verwandeln sich in den USA zu den Hamburgers von McDonald's. Vor einem halben Jahrhundert noch bedeckten Wälder dreiviertel der Gesamtfläche Costa Ricas; wenige Bäume sind übrig geblieben, und wenn die Abholzung so weitergeht wie bisher, wird das kleine Land zum Ende dieses Jahrhunderts nur noch nackte Erde sein. Costa Rica exportiert Fleisch in die USA, und aus den USA importiert es Insektenvernichtungsmittel, deren Einsatz die USA auf den eigenen Feldern verboten hat.

Einige wenige Länder verschwenden die Ressourcen aller. Verbrechen und Wahnsinn einer Verschwendungsgesellschaft: die Reichsten, sechs Prozent der Menschheit, verschlingen ein Drittel aller Energien und ein Drittel aller natürlichen Ressourcen, die auf der Welt konsumiert werden. Der statistische Durchschnitt besagt, daß ein einziger US-Amerikaner so viel verbraucht wie fünfzig Haitianer. Natürlich schließt dieser Durchschnitt den Bewohner im New Yorker Harlem ebenso ein wie Haitis Baby Doc Duvalier, und dennoch darf gefragt werden: Was würde passieren, wenn die fünfzig Haitianer plötzlich so viel konsumierten wie fünfzig US-Amerikaner ? Was würde passieren, wenn die gesamte Bevölkerung des Südens die Welt verschlänge, ebenso straflos wie der Norden und mit der gleichen Gefräßigkeit ? Was würde passieren, wenn sich in diesem verrückten Maße die Luxusartikel und die Automobile und die Kühlschränke und die Fernsehapparate und die Atommeiler und die Elektrizitätswerke vervielfachten? Das Erdöl der gesamten Welt wäre in zehn Jahren aufgebraucht. Und was geschähe mit dem Klima, das wegen der Aufheizung der Atmosphäre dem Kollaps ohnehin schon nahe ist? Was würde mit der Erde passieren, mit dem bißchen Erde, das die Erosion uns übrigläßt? Und was mit dem Wasser, das schon ein Viertel der Menschheit verseucht trinken muß - verseucht von Nitraten, Insektenvernichtungsmitteln und Industrieabfällen aus Quecksilber und Blei? Was würde passieren? Es würde nicht passieren. Dazu müßten wir auf einen anderen Planeten umziehen. Denn dieser arg gebeutelte Planet, den wir jetzt haben, er würde es nicht ertragen.

Das prekäre Gleichgewicht der Welt, das am Rande des Abgrunds entlangschlingert, hängt von der Verewigung der Ungerechtigkeit ab. Das Elend vieler ist notwendig, um die Verschwendung weniger zu garantieren. Damit die Wenigen weiterhin zu viel konsumieren können, müssen die Vielen weiterhin zu wenig konsumieren. Und um zu vermeiden, daß jemand diese Spielregeln verletzt, vermehrt das System die Waffen des Krieges. Unfähig, die Armut zu bekämpfen, bekämpft es die Armen, während die herrschende Kultur, eine militarisierte Kultur, die Gewalt der Macht absegnet.

Der *american way of life*, begründet auf dem Privileg der Verschwendung, kann in den beherrschten Ländern nur von der herrschenden Minderheit ausgelebt werden. Seine plötzliche Verbreitung würde den kollektiven Selbstmord der Menschheit bedeuten.

Also: Möglich ist es nicht. Aber wäre es wünschenswert?

Wollen wir ihnen gleich sein?

In einem gut organisierten Ameisenstaat sind der Ameisenköniginnen wenige und der Arbeiterameisen viele, sehr viele. Die Königin wird mit Flügeln geboren, und sie darf die Liebe genießen. Die Arbeiterinnen, die nicht fliegen und nicht lieben, arbeiten für die Königin. Die Soldaten überwachen die Arbeiterinnen und bewachen auch die Königin.

Das Leben ist etwas, das passiert, während wir mit anderen Dingen beschäftigt sind, sagte John Lennon. In unserer Zeit, die von der

Verwechslung des Zwecks und der Mittel gezeichnet ist, wird nicht für das Leben gearbeitet: man lebt, um zu arbeiten. Einige arbeiten immer mehr, weil sie mehr brauchen, als sie haben; und andere, um weiterhin mehr zu haben als sie brauchen.

Es scheint selbstverständlich, daß in Lateinamerika der Acht-Stunden-Arbeitstag in den Bereich abstrakter Kunst gehört. Eine zweite Arbeitsstelle -die offizielle Statistik gesteht es selten ein- ist die Realität sehr vieler Menschen, die keine andere Möglichkeit haben, dem Hunger zu entrinnen. Aber ist es denn normal, daß der Mensch, auf dem Gipfel seiner Entwicklung, noch wie eine Ameise schuftet ? Führt der Reichtum zur Freiheit, oder vermehrt er die Angst vor der Freiheit ?

Sein ist Haben, sagt das System. Und der Schwindel besteht darin, daß derjenige, der mehr hat, mehr will. Letzten Endes gehören die Menschen den Sachen und arbeiten in deren Dienst. Das Lebensmodell der Konsumgesellschaft, das sich heutzutage als einziges Modell weltweit durchsetzt, macht aus der Zeit eine ökonomische Ressource, die zunehmend knapper und teurer wird: Zeit wird verkauft, vermietet, investiert. Aber wer ist der Eigentümer der Zeit ? Das Auto, der Fernseher, das Video, der Personal Computer, das drahtlose Telefon und andere Markenzeichen des Glücks -Maschinen zum Zeitgewinn oder zum Totschlagen von Zeit-, sie bemächtigen sich der Zeit. Das Auto, nur als Beispiel, verfügt nicht nur über den urbanen Raum; es verfügt auch über die Zeit der Menschen. Theoretisch dient der Wagen dazu, *Zeit zu sparen*, aber tatsächlich verschlingt er sie. Ein guter Teil der Arbeitszeit wird zur Bezahlung des Autos, also des Transports zur Arbeit, aufgewendet - der im übrigen auch immer zeitschluckender wird, wegen der Verkehrsstaus in den modernen Babylons.

Man braucht kein Wirtschaftsweiser zu sein. Der gesunde Menschenverstand reicht aus, um zu ahnen, daß der technologische Fortschritt, indem er die Produktivität steigert, gleichzeitig die Arbeitszeit verkürzt. Der gesunde Menschenverstand hat jedoch weder die Panik vor der *Freizeit* noch die Fallen des Konsums noch die manipulierende Kraft der Werbung vorhergesehen. In den Städten Japans wird jede Woche siebenundvierzig Stunden lang gearbeitet, während in Europa die Arbeitszeit verkürzt wurde - wenn auch in einem Tempo, das in keinem Verhältnis zur rapiden Steigerung der

Produktivität steht. In den automatisierten Fabriken stehen zehn Arbeiter, wo früher tausend standen; aber dieser technologische Fortschritt erzeugt Arbeitslosigkeit, anstatt Freiräume zu erweitern. Die Freiheit, *Zeit zu verlieren:* die Konsumgesellschaft gestattet keine derartige Verschwendung. Sogar die Ferien, organisiert von den großen Firmen, die den Massentourismuns industrialisieren, sind zu einer erschöpfenden Beschäftigung geworden. *Die Zeit totschlagen:* die modernen Badeorte reproduzieren den tollen Taumel des Alltags in den Ameisenstaaten.

Den Anthropologen zufolge haben unsere Vorfahren aus der Altsteinzeit nicht mehr als zwanzig Stunden in der Woche gearbeitet. Wenn wir den Zeitungen glauben, haben unsere Zeitgenossen in der Schweiz Ende 1988 über ein Plebiszit entschieden, das vorschlug, die Arbeitszeit auf vierzig Stunden wöchentlich zu verkürzen: wohlgemerkt bei gleichem Gehalt. Und die Schweizer stimmten dagegen.

Die Ameisen verständigen sich durch die Berührung ihrer Antennen. Die Antennen des Fernsehens verbinden uns mit den Machtzentren der heutigen Welt. Der kleine Bildschirm bietet uns die Gier nach Eigentum, den Aberwitz des Konsums, den Reiz der Konkurrenz und das Streben nach Erfolg an, ebenso wie Kolumbus den Indianern seinen Plunder anbot. Erfolgreiche Waren. Die Werbung sagt uns hingegen nicht, daß die Bürger der USA, so die Weltgesundheitsorganisation, *fast die Hälfte der in der ganzen Welt verkauften Beruhigungsdrogen* konsumieren. In den letzten zwanzig Jahren wurde die tägliche Arbeitszeit in den USA *verlängert*. In dieser Zeit hat sich die Menge der an *Stress* Erkrankten *verdoppelt*.

Die Stadt als Gaskammer

Ein Bauer ist weniger wert als eine Kuh, aber mehr als ein Huhn, sagt man mir in Caaguazú, in Paraguay. Und im Nordosten Brasiliens: *Wer pflanzt, hat kein Land, und wer Land hat, pflanzt nicht.*

Unsere Felder entvölkern sich; die Städte Lateinamerikas verwandeln sich in dichtbevölkerte Höllen. Mexiko-Stadt wächst *jedes Jahr* um eine halbe Million Menschen und um dreißig Quadratkilometer: es hat schon fünf Mal so viele Einwohner wie Norwegen. In wenigen

Jahren, zum Ende des Jahrhunderts, werden Mexiko-Stadt und São Paulo die größten Städte der Welt sein.

Die Großstädte im Süden des Planeten gleichen den Großstädten des Nordens, jedoch wie in einem Zerrspiegel betrachtet. Die nachäffende Modernisierung multipliziert nur die Mängel des Modells. Die lateinamerikanischen Hauptstädte, im Getöse und im Rauch untergehend, haben keine Fahrradspuren und auch keine Abgasfilter. Saubere Luft und Stille sind solch seltene und teure Güter, daß nicht mal mehr die Reichsten unter den Reichen sie kaufen können.

In Brasilien fabrizieren Volkswagen und Ford Autos *ohne Katalysatoren,* um sie in Brasilien und in den anderen Ländern der Dritten Welt zu verkaufen. Dagegen produzieren die selben brasilianischen Filialen von Volkswagen und Ford Autos *mit Katalysatoren,* um sie in der Ersten Welt zu verkaufen. Argentinien produziert bleifreies Benzin für den Export. Für den Binnenmarkt produziert es dagegen vergiftetes Benzin. In ganz Lateinamerika besitzen die Autos die Freiheit, Blei durch den Auspuff auszuspucken. Aus Sicht dieser Autos erhöht das Blei die Oktanzahl, und steigert somit die Gewinnmarge. Aus Sicht der Menschen schadet das Blei dem Gehirn und dem Nervensystem. Die Autos, die Besitzer der Stadt, hören aber nicht auf die menschlichen Eindringlinge.

Das Jahr 2000, Erinnerungen an die Zukunft: Menschen mit Sauerstoffmasken, hustende statt singender Vögel, Bäume, die sich weigern zu wachsen. Heute sieht man in Mexiko-Stadt solche Schilder: *Bitte die Mauer nicht stören* und *Bitte die Tür nicht zuschlagen.* Noch gibt es keine Schilder: *Wir empfehlen, nicht zu atmen.* Wie lange wird es noch dauern, bis solche Warnungen zum Wohl der Volksgesundheit auftauchen werden? Die Autos und die Fabriken schenken der Atmosphäre, jeden Tag, elftausend Tonnen feindlicher Abgase. Es liegt eine Wolke voller Dreck in der Luft, die Kinder werden bereits mit Blei im Blut geboren, und schon mehr als einmal hat es auf die Stadt tote Vögel geregnet - eine Stadt, die bis vor einem halben Jahrhundert die *Region mit der reinsten Luft war.* Jetzt ist der Cocktail aus Kohlenmonoxid, Schwefeldioxid und Stickstoffoxid drei Mal höher als das Maximum dessen, was ein menschliches Wesen für gewöhnlich aufnehmen kann. Das städtische Wesen, welches Maximum wird es noch aushalten können?

Fünf Millonen Autos: die Stadt São Paulo wurde schon als Kranke in Erwartung des drohenden Infarkts beschrieben. Eine Abgaswolke hüllt sie ein. Nur an Sonntagen kann man, von außerhalb, die höchstentwickelte Stadt Brasiliens sehen. In den breiten Straßen des Zentrums verkünden Leuchtschriften jeden Tag der Bevölkerung: *Qualität der Luft: desolat.*

Den Meßstationen zufolge war die Stadtluft „schmutzig" oder „sehr schmutzig" an insgesamt 323 Tagen des Jahres 1986.

Im Juni 1989 bestritt Santiago de Chile, zusammen mit Mexiko-Stadt und São Paulo, und nach einigen Tagen ohne Regen und Wind, die Weltmeisterschaft der Umweltverschmutzung. Den San Cristóbal-Hügel, im Zentrum Santiagos, konnte man hinter einer *Smogmaske* nicht mehr sehen. Die junge demokratische Regierung Chiles verordnete einige minimale Maßnahmen gegen die achthundert Tonnen Abgase, die sich jeden Tag der städtischen Luft beimischen. Da plötzlich schrien Autos und Fabriken: Diese Begrenzungen schaden dem freien Unternehmertum und verletzten das Eigentumsrecht. Die Freiheit des Geldes, welche die Freiheit der Anderen verachtet, galt unumschränkt während der Diktatur des General Pinochet, und sie hat einen wertvollen Beitrag zur allgemeinen Vergiftung geleistet. Das Recht zur Umweltverschmutzung ist ein grundlegender Anreiz für ausländische Investoren, fast so wichtig wie das Recht, niedrige Gehälter bezahlen zu können. Und schließlich und endlich hatte General Pinochet den Chilenen nie das Recht verweigert, Dreck einzuatmen.

Die Stadt als Gefängnis

Die Konsumgesellschaft, die Menschen konsumiert, zwingt die Menschen zum Konsum, während das Fernsehen Gelehrten wie Analphabeten Lektionen über Gewalt erteilt. Jene, die nichts haben, sind weit weg von denen, die alles haben, und dennoch können sie jeden Tag bei denen hineinschauen - über den kleinen Bildschirm. Das Fernsehen feiert die obszöne Verschwendung des Konsums, und gleichzeitig lehrt es die Kunst, sich den Weg mit Kugeln freizuschießen.

Die Wirklichkeit imitiert das Fernsehen, die Gewalt auf den Straßen ist die Fortsetzung des Fernsehens mit anderen Mitteln. Die

Straßenkinder üben die Privatinitiative im Verbrechen, dem einzigen Bereich, in dem sie sich entwickeln dürfen. Ihre Menschenrechte beschränken sich auf das Stehlen und das Sterben. Die jungen Tiger, auf sich alleine gestellt, gehen auf Jagd. Irgendwo schlagen sie mit einem Tatzenhieb zu und fliehen dann sofort. Das Leben endet früh, vom Klebstoff und anderen guten Drogen verbraucht, die den Hunger, die Kälte und die Einsamkeit überspielen; oder das Leben endet, wenn eine Kugel es durchschlägt.

Auf der Straße spazierenzugehen, wird in den Großstädten Lateinamerikas zunehmend zu einer risikoreichen Unternehmung. Zuhause bleiben auch. Die Stadt als Gefängnis: Wen nicht die Not einschließt, den fängt die Angst ein. Wer etwas hat, und sei es noch so wenig, lebt unter ständiger Bedrohung, ist zur Panik vor dem nächsten Überfall verurteilt. Wer viel hat, lebt eingeschlossen in den Hochburgen der Sicherheit. Die Hochhäuser und Residenzviertel sind die feudalen Schlösser des elektronischen Zeitalters. Es fehlt ihnen, wie wahr, der Wassergraben mit Krokodilen darin, und es mangelt auch an der majestätischen Schönheit, die den mittelalterlichen Schlössern eigen ist. Aber sie haben große Fall-Gitter, hohe Mauern, Wachtürme und bewaffnete Wächter.

Der Staat -schon kein väterlicher mehr, sondern ein Polizei-Staat- kennt keine Barmherzigkeit. Selbst jene Rhetorik der Domestizierung der Irregeleiteten, tugendhaftes Lernen und Arbeiten, ist schon graue Vorzeit. Im Zeitalter der Marktwirtschaft werden die überzähligen Menschenkinder durch Hunger oder Kugeln eliminiert. Die Straßenkinder, Kinder der marginalen Gruppen, sind nicht *brauchbar für die Gesellschaft*, und können es auch nicht sein. Die Bildung gehört denen, die sie bezahlen können; die Repression vollzieht sich gegen jene, die sie nicht kaufen können.

Der New York Times zufolge, hat die Polizei zwischen Januar und Oktober 1990 mehr als vierzig Kinder auf den Straßen Guatemalas ermordet. Die Leichen der Kinder -bettelnder Kinder, stehlender Kinder, im Müll wühlender Kinder- tauchten ohne Zungen, ohne Augen, ohne Ohren auf den Müllhalden auf. Amnesty International sagt, daß 1989 insgesamt 457 Kinder und Jugendliche in den brasilianischen Städten Rio de Janeiro, São Paulo und Recife hingerichtet wurden. Diese Verbrechen, von den Todesschwadronen und anderen parapolizeilichen Kräften verübt, geschahen nicht in den rückständigen Regionen des Landesinneren, sondern in den großen Städten Brasiliens; sie sind nicht dort verübt worden, wo es an Kapitalismus *mangelt*, sondern dort, wo es ihn im *Überfluß* gibt. Die soziale Ungerechtigkeit und die Verachtung des Lebens wachsen mit dem wirtschaflichen Wachstum.

In den Ländern, in denen es keine Todesstrafe gibt, wird die Todesstrafe tagtäglich zum Schutze des Rechts auf Eigentum angewandt. Und für gewöhnlich betreiben die Meinungsmacher die Apologie des Verbrechens. Mitte 1990 schoß ein Ingenieur, in der Stadt Buenos Aires, zwei junge Diebe nieder, die mit dem aus seinem Auto geklauten Radio verschwinden wollten. Bernardo Neustadt, der einflußreichste Journalist Argentiniens, sagte im Fernsehen: *Ich hätte das gleiche gemacht*. In Brasilien, bei den Wahlen von 1986, gewann Afanásio Jazadji einen Parlamentssitz für den Staat São Paulo. In der ganzen Geschichte Brasiliens gab es kaum einen Abgeordneten, der mehr Wählerstimmen bekommen hätte. Jazadji erlangte seine enorme Popularität über die Mikrofone. In seinem Rundfunkprogramm verteidigte er wortgewaltig die Todesschwadronen und predigte die Folter und die Ausrottung der Verbrecher.

In der Zivilisation des wilden Kapitalismus ist das Recht auf Eigentum wichtiger als das Recht auf Leben. Die Menschen sind weniger wert als die Gegenstände. Aufschlußreich sind insofern die Gesetze zur Straflosigkeit. Diese Gesetze, in den drei Ländern des Südens Lateinamerikas, die dem von militärischen Diktaturen ausgeübten Staatsterrorismus die Absolution erteilt haben, verziehen sehr wohl Mord und Folter, aber sie verziehen nicht den Übergriff auf fremdes Eigentum. In Chile ist es die Gesetzesverordnung Nr. 2.191, von 1978; in Uruguay das Gesetz Nr. 15.848, von 1986; in Argentinien das Gesetz Nr. 23.521, von 1987.

Die „sozialen Kosten" des Fortschritts

Februar 1989, Caracas. Plötzlich klettert der Preis der Busfahrkarte ins Astronomische, verdreifacht sich der Brotpreis, und der Volkszorn entlädt sich: auf den Straßen bleiben dreihundert Tote liegen, oder fünfhundert, wer weiß.

Februar 1991, Lima. Die Cholerapest greift die Küsten Perus an, setzt sich im Hafen von Chimbote und in den Elendsvierteln von Lima fest, und tötet einhundert Menschen in wenigen Tagen. In den Krankenhäusern gibt es kein Serum und auch keine Salzlösung. Der Sparkurs der Regierung hat das Wenige zerstört, was noch von der öffentlichen Gesundheitsversorgung übriggeblieben war, und urplötzlich verdoppelte sich die Zahl der Peruaner, die in krasser Armut leben, die weniger als den Mindestlohn verdienen. Dieser Mindestlohn beträgt 45 Dollar *monatlich*.

Die heutigen Kriege, elektronische Kriege, geschehen als Videospiele auf dem Bildschirm. Die Opfer - man hört sie nicht, noch sieht man sie. Die Wirtschaftspolitik aus der Retorte hört und sieht auch nicht die Hungernden und die verbrannte Erde. Die Fernbedienungswaffen töten ohne schlechtes Gewissen. Die internationale Technokratie, die der Dritten Welt ihre Entwicklungsprogramme und Sparpläne aufzwingt, mordet auch von außen und von weitem.

Schon seit mehr als einem Vierteljahrhundert baut Lateinamerika die schwachen Dämme gegen die Allmacht des Geldes ab. Die Gläubigerbanken haben diese Verteidigungslinien mit den treffsicheren Waffen der Erpressung bombardiert. Und die regierenden Militärs oder Politiker haben ihnen dabei geholfen, die Dämme zu zerstören - sie sprengten sie von innen. So fallen sie, einer nach dem anderen, die Schutzdämme, die zu anderen Zeiten vom Staat errichtet worden waren. Und jetzt verkauft der Staat die nationalen Staatsbetriebe, für nichts - oder schlimmer als nichts, denn er muß noch draufzahlen. Unsere Länder übergeben Haus und Hof und alles andere den internationalen Monopolen, die sich jetzt *Faktoren der Preisbildung* nennen, und konvertieren zum freien Markt. Die internationale Technokratie, die uns beibringt, wie man einem Holzbein eine Spritze verpasst, behauptet, daß der freie Handel der Talisman des Reichtums sei. Warum wohl praktizieren die reichen Länder nicht, was sie predigen? Der freie Handel, Erniedrigung der Schwachen, ist das erfolgreichste Exportprodukt der Starken. Es wird nur für den Konsum in den armen Ländern fabriziert. Kein reiches Land hat es je gebraucht.

Talisman des Reichtums, für wie viele? Offizielle Zahlen aus Uruguay und Costa Rica - Ländern, wo früher noch am wenigsten die sozialen Gegensätze aufflammten: Heute lebt jeder sechste Uruguayer in extremer Armut, und zwei fünftel der Familien Costa Ricas sind arm.

Die zweifelhafte Ehe von Angebot und Nachfrage bestraft die Armen bei freiem Handel, der dem Despotismus der Mächtigen dient, und zeugt eine Spekulations-Wirtschaft. Die Produktion wird behindert, die Arbeit entwertet, der Konsum vergöttert. Die Anzeigetafeln der Wechselstuben werden wie eine Kinoleinwand bewundert, man spricht über den Dollar, als wäre er eine Person:

- *Und, wie geht es dem Dollar?*

Die Tragödie wiederholt sich als Farce. Seit den Zeiten Kolumbus' hat Lateinamerika die kapitalistische Entwicklung anderer als seine eigene Tragödie erlitten. Jetzt wird sie als Farce wiederholt. Es ist die Karikatur der Entwicklung: ein Zwerg, der sich als Kind ausgibt.

Die Technokratie sieht die Zahlen und sieht nicht die Menschen; aber sie sieht auch nur die Zahlen, die ihr passen. Am Ende dieses langen Vierteljahrhunderts werden einige Erfolge der Modernisierung gefeiert. Das *bolivianische Wunder*, nur als Beispiel, verdankt sich der Kapitalkraft des Drogenhandels: Die Zeit der Zinnausbeutung ist vorüber, und mit dem Preisverfall des Zinns verkamen die Bergwerkszentren und mit ihnen die streitbarsten Gewerkschaften Boliviens: Das Dorf von Llallagua, zwar ohne Trinkwasseranschluß, hat es zu einer Parabol-Fernsehantenne gebracht - hoch oben auf dem Cerro del Calvario, dem Golgatha.

Oder das *chilenische Wunder*, gedankt sei es dem Zauberstab des General Pinochet - ein erfolgreiches Produkt, das sich heute trefflich als Heilwasser für die Länder Osteuropas verkaufen läßt. Aber, welches ist der Preis für das chilenische Wunder ? Und welche Chilenen sind es, die ihn bezahlt haben und weiterhin bezahlen ? Welche Polen und Tschechen und Ungarn werden es sein, die das Wunder zu bezahlen haben ? In Chile verkündet die offizielle Statistik die Vermehrung des Brotes und zugleich die Vermehrung der Hungernden. Der eitle Gockel kräht siegesstolz. Dieses Krähen ist verdächtig. Ist ihm etwa sein Scheitern zu Kopf gestiegen ? 1970 waren zwanzig Prozent der Chilenen arm. Jetzt sind es fünfundvierzig Prozent.

Die Zahlen geben etwas zu, aber sie bedauern es nicht. Letzten Endes hängt die Menschenwürde von der Aufrechnung der Kosten und Nutzen ab, und die aufopferungsvoll Darbenden sind nichts weiter als der *soziale Preis* des Fortschritts.

Wie hoch wäre dieser *soziale Kostenfaktor*, wenn man ihn denn messen könnte ? Ende 1990 hat die Zeitschrift „Stern" eine vorsichtige Schätzung der durch den Fortschritt im heutigen Deutschland entstandenen Schäden veröffentlicht. Die Zeitschrift errechnete nach wirtschaftlichen Kriterien sowohl die immateriellen wie auch die materiellen Schäden, die durch Autounfälle, Verkehrstau, Luft- und Wasserverschmutzung, Vergiftung der Nahrungsmittel, Zerstörung der Grünflächen und anderer Faktoren verursacht werden. Die Zeitschrift kam zu dem Schluß, daß die Höhe des Schadens einem Viertel des gesamten Bruttosozialproduktes der deutschen Wirtschaft entsprach. Die Vermehrung des Elends tauchte in dieser Modellrechnung nicht auf, natürlich, denn schon seit einigen Jahrhunderten schöpft Europa seinen Reichtum aus der Armut anderer. Aber es wäre dennoch interessant zu wissen, zu welchen Zahlen eine vergleichbare Berechnung käme, die sich auf die Katastrophen der Modernisierung in Lateinamerika bezöge. Und man müßte dabei bedenken, daß in Deutschland der Staat, bis zu einem gewissen Punkt, die schädlichen Wirkungen des Systems auf die Personen und die Umwelt kontrolliert und begrenzt. Wie hoch wäre die Schadenseinschätzung in unseren Ländern, die dem Märchen des freien Handels aufgesessen sind und es zulassen, daß das Geld sich frei entfalten kann - einem wildgewordenen Tiger vergleichbar ? Und der Schaden, den uns ein System zufügt und weiterhin zufügen wird, das uns mit falschen Bedürfnissen überhäuft, damit wir unsere realen Bedürfnisse vergessen ? Inwieweit wäre dieser meßbar ? Lassen sich die Verstümmelungen der menschlichen Seele messen ? Die Ausbreitung der Gewalt, die Erniedrigungen des alltäglichen Lebens ?

Der Westen lebt die Euphorie des Sieges. Der Untergang des Ostens hat den notwendigen Vorwand auf dem Tablett serviert: im Osten, da war es schlimmer. War es schlimmer ? Vielmehr, meine ich, müßte man sich fragen, ob es so grundsätzlich *verschieden* war. Im Westen: die Opferung der Gerechtigkeit auf den Altaren der Produktivitätsgöttin - im Namen der Freiheit. Im Osten: die Opferung der Freiheit auf den Altaren der Produktivitätsgöttin - im Namen der Gerechtigkeit.

Im Süden haben wir noch Zeit, uns zu fragen, ob diese Göttin das Opfer unseres Lebens wert ist.

(1991)

DER REGENBOGEN AM AMERIKANISCHEN FIRMAMENT:
FÜNF JAHRHUNDERTE VERBOTEN

Die Entdeckung: Am 12. Oktober 1492 hat Amerika den Kapitalismus entdeckt. Finanziert von den spanischen Königen und den Genueser Bankiers, hat Christoph Kolumbus diese Entdeckung zu den karibischen Inseln gebracht. In sein Bord- und Tagebuch der Eroberung schrieb der Admiral 139 mal das Wort *Gold* und 51 mal das Wort *Gott* oder *Unser Herr*. Seine Augen konnten sich nicht sattsehen an so viel Schönheit, und am 27. November prophezeite er: Die ganze Christenwelt wird hier Handel treiben können. Darin hat er sich nicht geirrt. Kolumbus glaubte zwar, daß Haiti Japan sei und Kuba China, und er hielt die Einwohner Chinas und Japans für die Inder aus Indien; aber was den Handel betrifft, da hat er sich nicht geirrt.

Nach fünf Jahrhunderten des Handels der ganzen Christenwelt ist ein Drittel der amerikanischen Urwälder vernichtet, die einstmals fruchtbare Erde ist ausgelaugt, und mehr als die Hälfte der Menschen ißt nur unregelmäßig. Die Indios, Opfer des größten Raubzuges der Menschheitsgeschichte, leiden weiterhin unter der gewaltsamen Enteignung ihres Landes und sind weiterhin zur Verleugnung ihrer *anderen* Identität verdammt. Man verbietet ihnen weiterhin, nach ihrer Art und Weise zu leben, man verweigert ihnen weiterhin das schlichte Existenzrecht. Anfangs wurden der Raubzug und das Massaker im Namen des Herrschers des Himmel begangen. Heute geschehen sie im Namen des Gottes des Fortschrittes.

Und dennoch: in dieser verbotenen und verschmähten Identität blitzen einige der Bilder eines möglichen Amerika auf. Aber Amerika, blind vor Rassismus, sieht sie nicht.

Am 12. Oktober 1492 schrieb Christoph Kolumbus in sein Tagebuch, er wolle einige Indios nach Spanien mitnehmen, *„damit sie sprechen lernen“*. Fünf Jahrhunderte später, am 12. Oktober 1989, wird ein Mixteke von einem Gericht der USA für geisteskrank („mentally retarded") erklärt, weil er die spanische Sprache nicht korrekt beherrscht. Ladislao Pastrana, Mexikaner aus Oaxaca, ein illegal auf den Feldern Kaliforniens arbeitender Tagelöhner, sollte lebenslang in eine Heilanstalt eingesperrt werden. Pastrana konnte sich mit der spanischsprachigen Dolmetscherin nicht verständigen, und der Psychologe diagnostizierte deshalb *ein eindeutiges intellektuelles Defizit*. Letzlich haben Anthropologen die Situation geklärt: Pastrana drückte sich perfekt in seiner Sprache aus, der Sprache der Mixteken - Erben einer hochentwickelten, über zweitausend Jahre alten Kultur.

Paraguay redet Guaraní. Ein einzigartiger Fall in der Weltgeschichte: die Sprache der Indios, die Sprache der Besiegten, ist die unbestrittene Nationalsprache. Und dennoch meint, laut Umfragen, die Mehrheit der Paraguayer, daß jene, die kein Spanisch verstehen, *wie Tiere seien*.

Jeder zweite Peruaner ist Indio, und die Verfassung Perus sagt, daß das Quechua ebenso offizielle Sprache wie das Spanisch sei. Die Verfassung sagt es, aber die Wirklichkeit vernimmt es nicht. Peru behandelt seine Indios wie Südafrika seine Schwarzen. Spanisch ist die einzige Sprache, die in den Schulen gelehrt wird, die einzige Sprache, die von Richtern, Polizisten und Beamten verstanden wird. (Spanisch ist aber nicht die einzige Sprache des Fernsehens, denn das Fernsehen spricht auch Englisch).

Vor fünf Jahren haben sich die Beamten des Standesamtes in Buenos Aires geweigert, die Geburt eines Kindes einzutragen. Die Eltern, die aus der Provinz Jujuy stammen, wollten ihren Sohn Qori Wamancha nennen: ein Name aus ihrer Sprache. Das argentinische Standesamt hat diesen jedoch nicht anerkannt, mit der Begründung, es handele sich um einen *ausländischen Namen*.

Die Indios Amerikas leben in ihrem eigenen Land im Exil. Ihre Sprache ist kein Erkennungsmerkmal, sondern ein Brandmal. Die Sprache ehrt sie nicht; sie werden durch sie gebrandmarkt. Wenn ein Indio auf seine Sprache verzichtet, fängt er an, sich zu zivilisieren. Fängt er an, sich zu zivilisieren, oder begeht er Selbstmord ?

Als ich ein Kind war, lehrte man in den Schulen Uruguays, daß unser Land -gedankt sei den Generälen des vergangenen Jahrhunderts, die die letzten Charruas umgebracht haben- vor dem *Eingeborenen-Problem* bewahrt wurde.

Das Eingeborenen-Problem: die ersten Amerikaner, die tatsächlichen Entdecker Amerikas, sind *ein Problem*. Und damit das Problem kein Problem mehr sei, müssen die Indios aufhören, Indios zu sein. Sie von der Landkarte wegradieren oder ihre Seele ausradieren, sie vernichten oder assimilieren, ist dasselbe: der Genozid oder die Tilgung der Andersartigkeit.

Im Dezember 1976 kündigte der Innenminister Brasiliens triumphierend an, daß bis zum Ende des zwanzigsten Jahrhunderts *das Eingeborenen-Problem vollkommen gelöst sein* werde: alle Indios würden sich bis dahin in die brasilianische Gesellschaft integriert haben; sie seien dann keine Indios mehr. Der Minister erklärte, daß jene Behörde, die offiziell dazu bestimmt ist, die Indios zu schützen (die FUNAI, Fundação Nacional do Indio), nun beauftragt werde, sie zu zivilisieren. Mit anderen Worten: sie hat die Aufgabe, die Indios verschwinden zu lassen. Die Kugeln, das Dynamit, das Schenken vergifteter Speisen, die Verseuchung der Flüsse, das Abholzen der Wälder und die Verbreitung von Viren und Bakterien, die den Indios unbekannt waren, haben die Invasion des Amazonas durch die nach Mineralien, Holz und allem anderen gierenden Firmen begleitet. Aber dieser lange und gewaltsame Angriff hat nicht ausgereicht. Die Domestizierung der überlebenden Eingeborenen, *die vor der Barbarie gerettet werden sollen,* ist auch eine unverzichtbare Waffe, um die letzten Hindernisse auf dem Eroberungsweg wegzuräumen.

Den Indianer töten und den Menschen retten, empfahl der barmherzige US-Oberst Henry Pratt. Und viele Jahre später erklärt der peruanische Romancier Mario Vargas Llosa, es bleibe nichts anderes übrig, als die Indios zu modernisieren, um sie vor Hunger und Elend *zu retten,* auch wenn man dabei ihre Kultur opfern müsse.

Diese *Rettung* verurteilt die Indios dazu, Tag und Nacht in Bergwerken und auf Plantagen zu arbeiten - für einen Tageslohn, der noch nicht einmal für den Kauf einer Dose Hundefutter ausreichen würde. Die Indios *zu retten* heißt auch, ihre gemeinschaftlichen Unterkünfte zu zerstören und sie in die Massenunterkünfte der billigen Arbeitskraft zu werfen, in den gewalttätigen Schlund der Städte, wo sie die Sprache wechseln, den Namen und die Kleidung - um dann als Bettler und Alkoholiker und billige Nutten zu enden. Oder: Indios *retten* heißt, ihnen Uniformen zu verpassen und sie mit einem Gewehr über der Schulter loszuschicken, um andere Indios umzubringen oder um für die Rettung des Systems, das sie verleugnet, zu sterben. Letzendlich sind ja Indios gutes Kanonenfutter: von den 25.000 US-amerikanischen Indianern, die in den II. Weltkrieg geschickt wurden, kamen zehntausend um.

Am 16. Dezember 1492 hatte es Kolumbus in seinem Tagebuch angekündigt: die Indios sind dazu da, *ihnen Befehle zu erteilen und sie arbeiten zu lassen, damit sie Feldarbeit und sonst Nützliches verrichten und damit sie sich Häuser bauen, damit sie sich kleiden und damit wir ihnen unsere Bräuche beibringen können.* Man raubt ihnen die Kraft der Arme und der Seele: dieser Vorgang ist seit den kolonialen Zeiten unverändert und wird in ganz Amerika mit dem Verb *reduzieren* bezeichnet. Der *gerettete* Indio ist der *reduzierte* Indio. Reduziert, bis er verschwindet; seiner selbst entleert, ist er ein Nicht-Indio und ein Niemand.

Der Schamane der Chamacoco, in Paraguay, singt den Sternen, den Spinnen und der verrückten Totila, die durch die Wälder irrt und weint. Und er singt, was ihm der Eisvogel erzählt:

- *Leide nicht Hunger, leide nicht Durst. Steige auf meine Flügel, und wir werden die Fische des Flusses essen und den Wind trinken.*

Und er singt, was ihm der Nebel erzählt:

- *Ich bin gekommen, um den Frost zu verhindern, damit Dein Volk keine Kälte erleide.*

Und er singt, was ihm die Pferde des Himmels erzählen:

- *Steige auf und laß uns nach Regen suchen.*

Aber die Missionare einer evangelischen Sekte haben den Schamanen gezwungen, seine Federn und seine Schellenrasseln und seine Gesänge aufzugeben, *weil sie des Teufels sind*; und er kann nicht mehr die Schlangenbisse heilen, auch nicht den Regen in Zeiten der Dürre herbeiholen, und ebensowenig beim Überfliegen der Erde das besingen, was er sieht. In einem Gespräch mit Ticio Escobar sagt der Schamane: *Wenn ich aufhöre zu singen, werde ich krank. Meine Träume wissen nicht, wohin sie gehen sollen, und sie peinigen mich. Ich bin alt und verletzlich geworden. Warum sollte ich letzten Endes mein Ureigenstes verleugnen ?*

Der Schamane sagt es im Jahr 1986. Im Jahr 1614 ließ der Erzbischof von Lima die *Quena-Flöten* und alle anderen Musikinstrumente der Indios verbrennen, und er hat alle ihre Tänze und Gesänge und Zeremonien verboten, damit der Teufel nicht weiterhin seine betörenden Täuschungsmanöver vollbringen könne. Und 1625 verbot der Oberste Königliche Richter in Guatemala ebenfalls die

Tänze und die Lieder und die Zeremonien der Indios unter der Strafandrohung von einhundert Peitschenhieben-, weil die Indios dabei einen Pakt mit den Dämonen hätten.

Um die Indianer ihrer Freiheit und ihres Eigentumes zu berauben, werden sie der Symbole ihrer Identität beraubt. Man verbietet ihnen zu singen, zu tanzen und von ihren Göttern zu träumen, obwohl sie von eben diesen Göttern an jenem weit zurückliegenden Schöpfungstag besungen, ertanzt und erträumt wurden. Die Ordensbrüder, die Beamten des kolonialen Königreiches und die Missionare der nordamerikanischen Sekten, die heute in Lateinamerika überhandnehmen, sie alle kreuzigen die Indios im Namen Christi: um sie vor der Hölle zu retten, müssen die götzendienerischen Heiden evangelisiert werden. Der Gott der Christen wird als Rechtfertigung für den Raubüberfall benutzt.

Der Erzbischof Desmond Tutu bezieht sich auf Afrika, aber was er sagt, gilt auch für Amerika:

- *Sie kamen. Sie hatten die Bibel, und wir hatten das Land. Und sie sagten uns: „Schließt die Augen und betet". Aber als wir die Augen öffneten, hatten sie das Land und wir hatten die Bibel.*

Die Doctores des modernen Staates ziehen dagegen die Rechtfertigung aus der Zeit der Aufklärung vor: um sie vor den Abgründen der Hölle zu retten, müsse man die unwissenden Barbaren zivilisieren. Heute ebenso wie gestern verwandelt der Rassismus den kolonialen Raubzug in einen Akt der Gerechtigkeit. Der Kolonisierte ist ein Unter-Mensch: dem Aberglauben verfallen, aber zur Religion unfähig, der Folklore verfallen, aber zur Kultur unfähig. Der Sub-Mensch verdient eine sub-humane Behandlung, und sein geringer Wert entspricht der geringen Rentabilität seiner Arbeit. Der Rassismus rechtfertigt den kolonialen und neokolonialen Raubzug, durch all' diese Jahrhunderte hindurch und über all' die Stufen der sukzessiven Demütigungen hinweg. Lateinamerika behandelt seine Indios genau so, wie die Großmächte Lateinamerika behandeln.

Gabriel René-Moreno war der bekannteste bolivianische Historiker des letzten Jahrhunderts. Eine der Universitäten Boliviens trägt heute seinen Namen. Dieser Vorkämpfer der nationalen Kultur glaubte tatsächlich, *die Indios seien Esel, die Maultiere hervorbrächten, wenn sie sich mit der weißen Rasse kreuzten.* Er hatte die Gehirne von Eingeborenen und Mestizen abgewogen, und seiner

Waage zufolge waren diese Gehirne etwa fünf, sieben oder zehn Unzen leichter als die Gehirne der weißen Rasse, weswegen er Indios und Mestizen *von ihrer erblichen Veranlagung her für unfähig hielt, die republikanischen Freiheiten zu erfassen.*

Der Peruaner Ricardo Palma, ein Zeitgenose und Kollege von Gabriel René-Moreno, schrieb, *die Indios seien eine verabscheuungswürdige und degenerierte Rasse.* Und der Argentinier Domingo Faustino Sarmiento lobte und pries den langen Kampf der Araukaner mit folgenden Worten: *Sie sind unzähmbar, soll heißen: widerspenstige Tiere, wenig geeignet für die Zivilisation und die europäische Assimilation.*

Der schärfste Rassismus der lateinamerikanischen Geschichte findet sich in den Worten der berühmten und gefeierten Intellektuellen vom Ende des 19. Jahrhunderts und in den Taten der liberalen Politiker, die den modernen Staat begründeten. Manchmal waren sie selbst indianischer Abstammung, wie zum Beispiel Porfirio Diaz, verantwortlich für die kapitalistische Modernisierung Mexikos: er verbot den Indios, durch die Hauptstraßen zu laufen oder sich auf den öffentlichen Plätzen aufzuhalten, wenn sie nicht ihre kurzen, baumwollenen Hosen gegen anständige europäische Beinkleider und ihre „huaraches", ihre Sandalen, gegen Schuhe austauschten.

Es waren die Zeiten der Verknüpfung mit einem vom Britischen Imperium beherrschten Weltmarkt, und die *wissenschaftlich* begründete Verachtung der Indios verlieh die nötige Straffreiheit beim Raub ihrer Ländereien und ihrer Arbeitskraft.

Der Markt verlangte Kaffee, dies nur ein Beispiel, und der Kaffee verlangte nach mehr Land und nach weiteren kräftigen Armen. Da beschloß eben, dies nur ein Beispiel, der liberale Präsident Guatemalas, Justo Rufino Barrios, ein Mann des Fortschritts, die aus kolonialen Zeiten noch wohlbekannte Zwangsarbeit wieder einzuführen; und er schenkte seinen Freunden das Land der Indios und indianische Landarbeiter in großen Mengen hinzu.

Der Rassismus kommt in seinem blinden Haß am stärksten in solchen Ländern wie Guatemala zum Ausdruck, wo die Indios weiterhin die trotzige Mehrheit bilden, trotz der zahlreichen Ausrottungswellen.

Es gibt heutzutage keine schlechter bezahlten Arbeitskräfte: die Mayas erhalten 65 Cents eines US-Dollars, um ein Zentner Kaffee oder Baumwolle zu pflücken, oder um eine Tonne Zuckerrohr zu schneiden. Die Indios dürfen ohne Genehmigung der Militärs keinen Mais anbauen und dürfen sich auch nicht ohne eine Arbeitserlaubnis von ihrem Wohnort entfernen. Die Armee organisiert die Anheuerung der für die Aussaat und die Ernte der Exportprodukte notwendigen Arbeitskräfte. Auf den Plantagen werden Insektenvernichtungsmittel benutzt, die das tolerierbare Maximum um das Fünfzigfache übersteigen; die Milch der Mütter ist die verseuchteste in der ganzen westlichen Welt. Rigoberta Menchú: ihr kleiner Bruder, Felipe, und ihre beste Freundin, María, starben schon als Kinder, wegen der Pestizide, die aus den Flugzeugen versprüht wurden. Felipe starb bei der Arbeit auf der Kaffeeplantage. María bei der Baumwolle. Mit Macheten und Gewehren in der Hand, hat dann später die Armee den Rest von Rigobertas Familie, und mit ihr alle anderen Mitglieder der Gemeinde, umgebracht. Rigoberta überlebte, um es erzählen zu können.

Mit beglückender Straflosigkeit wird offiziell zugegeben, daß zwischen 1981 und 1983 insgesamt 440 Indio-Dörfer von der Landkarte getilgt wurden - eine Vernichtungskampagne, bei der viele tausend Männer und Frauen ermordet wurden oder verschwanden. Die *Säuberung* dieser Gebirgszüge -dieser Plan der verbrannten Erde- hat auch unzählige Kinder das Leben gekostet. Die guatemaltekischen Militärs sind der Überzeugung, daß der Makel der Rebellion sich genetisch vererbt.

Eine minderwertige Rasse, zum Laster und zum Faulenzen verurteilt, unfähig der Ordnung und unwürdig des Fortschritts - verdient eine solche Rasse ein besseres Schicksal? Die institutionelle Gewalt, der Terrorismus des Staates, beseitigt alle Zweifel. Die Konquistadoren benutzen heute keine eisernen Rüstungen mehr, sondern sie tragen die Uniformen aus dem Vietnam-Krieg. Und sie haben keine weiße Haut: es sind Mestizen, die sich ihres Blutes schämen, oder Indios, die zwangsweise zur Armee eingezogen wurden und die man zwingt, Verbrechen zu begehen, die nichts anderes als Selbstmord sind. Guatemala verachtet seine Indianer. Guatemala verachtet sich selbst.

Eintausendzweihundert Jahre vor den europäischen Mathematikern hat diese minderwertige Rasse die Zahl Null entdeckt. Und sie kannte, mit erstaunlicher Genauigkeit, das Alter des Universums - eintausend Jahre vor den Astronomen unserer Zeit.

Die Mayas sind noch immer Reisende der Zeit:
Was ist ein Mensch auf dem Weg? Zeit.
Sie wissen nicht, daß Zeit Geld ist, wie uns Henry Ford offenbarte.
Die Zeit, Gründerin des Universums, ist ihnen heilig, ebenso heilig
wie ihre Tochter, die Erde, und ihr Sohn, der Mensch: so wie die
Erde und wie die Menschen, so kann auch die Zeit weder gekauft
noch verkauft werden. Die Zivilisation versucht weiterhin alles, um
die Mayas von diesem Irrtum zu befreien.

Zivilisation? Die Geschichte ändert sich, je nachdem, welche
Stimme sie erzählt. In Amerika, in Europa oder sonstwo. Was aus der
Sicht der Römer die *Invasion der Barbaren* war, ist aus der Sicht der
Germanen eine *Wanderung gen Süden* gewesen.

Es war nicht die Stimme der Indios, die bisher die Geschichte
Amerikas erzählt hat. Kurze Zeit vor der spanischen Eroberung
verkündete ein Prophet der Mayas, ein Mund der Götter: *Wenn die
Habsucht aufhört, wird das Gesicht seine Augenbinde verlieren,
werden die Hände und die Füße der Welt ihrer Fesseln ledig.* Und
wenn endlich der Mund entfesselt wird, was wird er sagen? Was
wird die *andere,* die nie gehörte Stimme sagen?

Aus der Sicht der Sieger - bisher die einzige Sicht - haben die
Bräuche der Indios immer wieder bewiesen, daß diese von Dämonen besessen und biologisch minderwertig sind. So war es seit den
ersten Tagen der kolonialen Epoche:

Die Eingeborenen auf den Karibik-Inseln verweigern die Skla-
venarbeit? Doch nur, weil sie faul sind.

Sie laufen nackt herum, als sei der ganze Körper ein Gesicht? Weil
diese Wilden keine Scham kennen.

Sie achten nicht das Eigentum, teilen alles untereinander und
streben nicht nach Reichtum? Weil sie dem Primaten ähnlicher sind
als dem Menschen.

Sie baden sich mit verräterischer Häufigkeit? Weil sie eben den
Ketzern der Sekte von Mohammed ähneln, die wohlverdient in den
Fegefeuern der Inquisition brennen.

Sie schlagen nie ihre Kinder und lassen sie frei herumlaufen? Weil
sie der Strafe und jeglicher Erziehungsgrundsätze unfähig sind.

Sie glauben an die Träume und gehorchen ihrer inneren Stimme?
Nur wegen satanischer Beeinflußung oder aus schlichter Stupidität.

Sie essen, wenn sie Hunger haben, und nicht wenn Essenszeit

ist ? Weil sie eben unfähig sind, ihre Instinkte zu beherrschen.

Sie lieben, wenn sie Lust danach verspüren ? Weil die Dämonen sie immer wieder antreiben, die Erbsünde zu wiederholen.

Freie Homosexualität ? Die Jungfräulichkeit spielt keinerlei Rolle ? Sie leben schließlich im Vorhof der Hölle.

Im Jahr 1523 fragte der Kazike Nicaragua die Konquistadoren:

- *Und Euren König, wer hat den gewählt ?*

Der Kazike war vom Ältestenrat seiner Gemeinschaft gewählt worden. War der König von Kastilien vom Ältestenrat seiner Gemeinschaften gewählt worden ?

Das präkolumbische Amerika war weitläufig und verschiedenartig, es kannte viele Formen der Demokratie, die Europa nicht erkennen konnte - und die die Welt bis heute verkennt. Die Wirklichkeit Amerikas in den Zeiten vor der Eroberung auf den Despotismus der Inka-Herrscher zu reduzieren, oder auf die blutrünstigen Praktiken der Azteken-Dynastie - dies käme dem Versuch gleich, das Europa der Renaissance auf die Tyrannei seiner Monarchen oder auf die grauenvollen Zeremonien der Inquisition zu reduzieren.

In der Tradition der Guaraní werden zum Beispiel die Kaziken in Versammlungen von Männern und Frauen gewählt - und dieselben Versammlungen setzen sie auch wieder ab, wenn sie ihren Auftrag nicht erfüllt haben. In der Tradition der Irokesen regieren Frauen und Männer gleichberechtigt. Die Führer sind Männer; aber es sind die Frauen, die diese Männer ein- oder absetzen; und die Frauen haben im Rat der Matronen Entscheidungsbefugnis über viele grundsätzliche Angelegenheiten der gesamten Konföderation. Etwa um 1600 herum, als die Irokesen-Männer einmal aus eigenem Entschluß in den Krieg zogen, traten die Frauen in einen Streik und verweigerten die Liebe. Und nach einer kurzen Zeit einsamer Nächte unterwarfen sich die Männer dem Anspruch der Frauen auf Herrschaftsteilung.

Im Jahr 1919 verkündete der Militärchef Panamas auf den Inseln von San Blas seinen Triumph:

- *Die Kuna-Indianerinnen werden keine „molas" mehr tragen, sondern sie werden sich zivilisiert kleiden.*

Und er verkündete, daß die Kuna-Frauen niemals mehr die Nase, sondern von nun an nur noch die Wangen bemalen würden, wie es sich ziemt; und daß sie nie wieder Goldringe in der Nase, sondern nur noch an den Ohren tragen würden. Wie es sich ziemt.

Siebzig Jahre nach diesem Hahnenschrei tragen die Kuna-Frauen weiterhin die Goldringe in ihren angemalten Nasen, und sie tragen immer noch ihre „molas", diese unzähligen und verschiedenfarbigen Stoffe, die sie mit einer bewunderswerten Imagination und Schönheit immer und immer wieder anlegen: sie tragen ihre „molas" zu Lebzeiten, und mit ihnen gehen sie zur Erde zurück, wenn der Tod kommt.

Es war 1989, kurz vor der US-amerikanischen Invasion, als der General Manuel Noriega versicherte, Panama sei ein Land, das die Menschenrechte strikt beachte:

Wir sind doch schließlich kein Indianerstamm, versicherte der General.

Die *archaischen Methoden*, in den Händen der Indios, hatten die Wüste in der Anden-Kordillere fruchtbar werden lassen. *Die modernen Technologien*, in den Händen des privaten Großgrundbesitzes, der für den Export produziert, verwandeln diese fruchtbare Erde der Anden, und überall sonst, in Wüste.

Es wäre absurd, fünf Jahrhunderte in den Produktionsmethoden zurückzugehen; aber nicht weniger absurd ist es, die Katastrophen eines Systems zu leugnen, das die Menschen auslaugt und die Wälder vernichtet und die Erde vergewaltigt und die Flüsse vergiftet, nur um den größtmöglichen Gewinn in der kürzestmöglichen Zeit zu erzielen. Ist es nicht absurd, die Natur und die Menschen auf dem Altar des Weltmarktes zu opfern? Wir leben in dieser Absurdität; und wir nehmen es hin, als sei es das einzig mögliche Schicksal.

Die sogenannten *primitiven Kulturen* scheinen weiterhin gefährlich zu sein, weil sie nicht den gesunden Menschenverstand verloren haben, den Verstand, der auch im natürlichen Sinne Gemeinschafts-Verstand ist. Wenn die Luft allen gehört, warum sollte dann das Land Eigentümer haben? Wenn wir von der Erde kommen und zu ihr zurückkehren, bringt dann nicht jedes Verbrechen gegen die Erde auch uns selbst um? Die Erde ist Wiege und Grab, Mutter und Gefährtin. Ihr wird der erste Schluck, der erste Bissen angeboten; man läßt sie ausruhen, man schützt sie vor der Erosion.

Das System verachtet, was es verkennt, denn es verkennt, was es kennenzulernen fürchtet. Der Rassismus ist auch eine Maske der Angst.

Was wissen wir von den Kulturen der Eingeborenen? Nur, was

uns die Wild-West-Filme darüber erzählt haben. Und von den afrikanischen Kulturen, was wir wissen wir davon? Nur was uns Professor Tarzan erzählt hat, der dort niemals war.

Sagt ein schwarzer Dichter aus der Gegend von San Salvador do Bahia: *Erst haben sie mich aus Afrika geraubt. Dann haben sie mir Afrika geraubt.*

Die Erinnerung Amerikas wurde durch den Rassismus verstümmelt. Wir handeln weiterhin so, als ob wir Kinder Europas seien, und sonst nichts.

Ende des letzten Jahrhunderts entdeckte der englische Arzt John Down das Syndrom, das heute seinen Namen trägt. Er glaubte, die Veränderung der Chromosome bedeute einen *Rückschritt zu den minderwertigeren Rassen,* und dabei kämen *mongolian idiots, negroid idiots* und *aztec idiots* heraus.

Zur gleichen Zeit schrieb ein italienischer Arzt, Cesare Lombroso, dem *geborenen Kriminellen* die Gesichtszüge der Neger und der Indios zu.

Zu dieser Zeit wurde jener Verdacht wissenschaftlich untermauert, der besagt, daß die Indios und die Neger von Natur aus für Kriminalität und für mentale Debilität anfällig seien. Seitdem sind die Indianer und die Neger, von jeher Arbeitsinstrumente, zu *Wissenschaftsobjekten* verkommen.

Zu derselben Zeit wie Lombroso und Down begann ein brasilianischer Arzt, Raimundo Nina Rodrigues, das Schwarzen-Problem zu untersuchen. Nina Rodrigues, ein Mulatte, kam zu dem Schluß, daß *bei der Vermischung des Blutes jeweils die Eigenschaften der minderwertigen Rassen verewigt werden,* weswegen *die Schwarzen in Brasilien immer einer der Faktoren für die Minderwertigkeit unseres Volkes sein werden.* Dieser psychiatrische Arzt war der erste Wissenschaftler, der die brasilianische Kultur afrikanischen Ursprungs erforscht hat. Er untersuchte sie wie einen klinischen Fall: die schwarzen Religionen als eine Pathologie, die Trance als Ausdruck der Hysterie.

Wenig später schrieb ein argentinischer Arzt, der Sozialist José Ingenieros, daß *die Neger, schändlicher Auswurf der Menschenrasse, den anthropoiden Affen näher seien als den zivilisierten Weißen.* Und um ihre unheilbare Minderwertigkeit zu belegen, behauptete Ingenieros: *Die Neger haben keine religiösen Ideen.*

Tatsächlich aber hatten die *religiösen Ideen*, zusammen mit den Sklaven, das Meer in den Sklavenschiffen überquert. Ein Beleg der Hartnäckigkeit menschlicher Würde: nur die Götter der Liebe und des Krieges haben die Küsten Amerikas erreicht. Dagegen sind die Götter der Fruchtbarkeit, die nur die Ernten und die Sklaven der Herren vermehrt hätten, ins Wasser gefallen.

Die streitbaren und die verliebten Götter, die die Überfahrt vervollständigten, mußten sich verkleiden. Sie mußten sich als weiße Heilige verkleiden, um selbst zu überleben, und um den Millionen von Männern und Frauen, gewaltsam aus Afrika entrissen und als Sache verkauft, beim Überleben zu helfen. Ogum, Gott des Eisens, gab sich als Sankt Georg oder Heiliger Anton oder Sankt Michael aus, und Shangó, mit seinen Donnerschlägen und Feuern, verwandelte sich in die Heilige Barbara. Obatalá war Jesus Christus, und Oshún, die Göttin des Süßwassers, war die Jungfrau Mariä Reinigung.

Verbotene Götter. In den spanischen Kolonien und in den portugiesischen, und in allen anderen auch: auf den englischen Inseln der Karibik wurde *auch nach* der Abschaffung der Sklaverei weiterhin verboten, die Trommeln und die Flöten auf afrikanische Art zu spielen, und es wurde weiterhin mit Gefängnis bestraft, wer das Abbild irgendeines afrikanischen Gottes besaß.

Verbotene Götter, weil sie auf gefährliche Weise die menschlichen Gefühle erheben und sich in ihnen verkörpern. Friedrich Nietzsche hat einmal gesagt, er könne nur an einen Gott glauben, der auch zu tanzen verstünde.

Ebenso wenig wie José Ingenieros kannte Nietzsche die afrikanischen Götter. Hätte er sie gekannt, dann hätte er vielleicht an sie geglaubt. Und vielleicht hätte er einige seiner Ideen geändert. Und vielleicht sogar José Ingenieros, wer weiß.

Die dunkle Haut verrät nicht wiedergutzumachende Herstellungsfehler. So findet das schreckliche, soziale und rassische Unrecht seine Rechtfertigung in angeblichen genetischen Fehlentwicklungen.

Schon Alexander von Humboldt hat es vor zweihundert Jahren bemerkt, und in ganz Amerika ist es heute noch so: die Pyramide der sozialen Schichten ist dunkel an der Basis und hell an der Spitze. In Brasilien zum Beispiel besteht die Rassen-Demokratie darin, daß die Weißesten oben und die Dunkelsten unten sind. James Baldwin über die Schwarzen in den Vereinigten Staaten:

Als wir Misissippi verließen und im Norden ankamen, haben wir die Freiheit nicht entdeckt. Wir haben nur die schlechtesten Plätze auf dem Arbeitsmarkt vorgefunden; und da sind wir immer noch.

Ein Indio aus dem Norden Argentiniens, Asunción Ontiveros Yulquila, erinnert sich heute an das seine Kindheit beherrschende Trauma:

Die guten und schönen Menschen waren jene, die Jesus und der Heiligen Jungfrau ähnelten. Aber mein Vater und meine Mutter sahen in nichts den Bildern von Jesus und der Heiligen Jungfrau ähnlich, die ich in der Kirche von Abre Pampa sah.

Das eigene Gesicht ist ein Irrtum der Natur. Die eigene Kultur ist nur ein Beweis der Unwissenheit oder eine zu büßende Schuld. Zivilisieren heißt korrigieren.

Der biologische Fatalismus, Stigma der minderwertigen Rassen, die qua Abstammung zur Trägheit und zur Gewalt und zum Elend verurteilt sind, verhindert nicht nur den Blick auf die wahren Ursachen unseres historischen Unheils. Der Rassismus hindert uns auch daran, gewisse grundsätzliche Werte zu erkennen oder wiederzuerkennen, die die verschmähten Kulturen erstaunlicherweise überliefern konnten und weiterhin verkörpern - trotz der jahrhundertelangen Verfolgung, Erniedrigung und Demütigung. Diese fundamentalen Werte sind keine musealen Objekte. Sie sind Faktoren der Geschichte, unerläßlich für die unerläßliche Bildung eines Amerika ohne Gebieter und Untergebene. Diese Werte klagen das System an, das sie verleugnet.

Vor einiger Zeit sagte mir der spanische Pfarrer Ignacio Ellacuría, daß ihm das mit der Entdeckung Amerikas einfach absurd vorkomme. Der Unterdrücker ist unfähig, etwas zu entdecken, meinte er:

Es ist der Unterdrückte, der den Unterdrücker entdeckt.

Er glaubte sogar, daß der Unterdrücker noch nicht einmal fähig sei, sich selbst zu entdecken. Die eigentliche Realität des Unterdrückers lasse sich nur aus der Sicht des Unterdrückten erkennen.

Ignacio Ellacuría kam im Kugelhagel um, weil er an diese unverzeihliche Fähigkeit zur Offenbarung glaubte, und weil er die Risiken des Glaubens, in seiner prophetischen Kraft, teilte. Wurde er von den Militärs von El Salvador ermordet, oder wurde er von einem

System ermordet, das den Blick, diesen anklagenden Blick, nicht ertragen kann ?

(1991)